SV

AF695930

Band 244 der Bibliothek Suhrkamp

Seine politischen Aufsätze, schrieb Hesse, seien »das Gegenteil von politisch«, denn sie suchen »den Leser nicht vor das Welttheater zu führen, sondern vor sein ganz persönliches Gewissen«. Der Leser, der heute diese Betrachtungen über Krieg und Frieden und über die Stellung des Intellektuellen zu politischen Fragen liest, wird ebenso erstaunt sein über das Prophetische wie über den aktuellen Bezug. Der Band enthält ungekürzt »Zarathustras Wiederkehr«, das Hugo Ball als »Hesses Revolutionsvermächtnis« und »die rühmlichste Dichterleistung jener Jahre« bezeichnete.

Hermann Hesse

Politische Betrachtungen

Suhrkamp Verlag

Erste Auflage dieser Ausgabe 2024
© dieser Auswahl 1970, Suhrkamp Verlag AG, Berlin
Alle Rechte vorbehalten. Wir behalten uns auch
eine Nutzung des Werks für Text und Data Mining
im Sinne von § 44b UrhG vor.
Umschlaggestaltung nach Entwürfen
von Willy Fleckhaus
Druck: Books on Demand GmbH, Norderstedt
Printed in Germany
ISBN 978-3-518-24388-6

www.suhrkamp.de

Wenn ich meine Aufsätze »politische« nenne, so tue ich dies stets in Anführungszeichen, denn politisch an ihnen ist nichts als die Atmosphäre, in der sie jeweils entstanden. Im übrigen sind sie das Gegenteil von politisch, denn jede dieser Betrachtungen sucht den Leser nicht vor das Welttheater und seine politischen Probleme zu führen, sondern in sein eigenes Inneres, vor sein ganz persönliches Gewissen. Hierin bin ich mit den Politikern aller Richtungen durchaus nicht einig und werde darin stets unbelehrbar bleiben, daß ich im Menschen, im einzelnen Menschen und seiner Seele Bezirke anerkenne, wohin politische Antriebe und Prägungen nicht reichen.

Inhalt

O Freunde, nicht diese Töne!
September 1914

Die Völker liegen einander in den Haaren, und jeden Tag leiden und sterben Ungezählte in furchtbaren Kämpfen. Mitten zwischen den aufregenden Nachrichten vom Kriegsschauplatz fiel mir, wie das so geht, ein längst vergessener Augenblick aus meinen Knabenjahren ein. Da saß ich, vierzehnjährig, an einem heißen Sommertag in Stuttgart in dem berühmten schwäbischen Landexamen, und als Aufsatzthema wurde uns diktiert: »Welche guten und welche schlechten Seiten der menschlichen Natur werden durch einen Krieg geweckt und entwickelt?« Meine Arbeit über dies Thema beruhte auf keinerlei Erfahrung und fiel entsprechend traurig aus, und was ich damals, als Knabe, unter Krieg sowohl wie unter Kriegstugenden und Kriegslasten verstand, stimmt nicht mehr mit dem zusammen, was ich heute so nennen würde. Aber im Anschluß an die täglichen Ereignisse und an jene kleine Erinnerung habe ich dem Krieg in dieser Zeit viel nachgedacht, und da jetzt doch einmal der Brauch eingerissen ist, daß Männer der Studierstube und des Ateliers ihre Meinungen hierüber kundgeben, scheue ich mich nicht länger, auch die meine auszusprechen. Ich bin Deutscher, und meine Sympathien und Wünsche gehören Deutschland, aber was ich sagen möchte, bezieht sich nicht auf Krieg und Politik, sondern auf die Stellung und Aufgaben der Neutralen. Damit meine ich nicht die politisch neutralen Völker, sondern alle diejenigen, die als Forscher, Lehrer, Künstler, Literaten am Werk des Friedens und der Menschheit arbeiten.

Da sind uns in letzter Zeit betrübende Zeichen einer unheilvollen Verwirrung des Denkens aufgefallen. Wir hören von Aufhebung der deutschen Patente in Rußland, von einem Boykott deutscher Musik in Frankreich, von einem ebensolchen Boykott gegen geistige Werke feindlicher Völker in Deutschland. Es sollen in sehr vielen deutschen Blättern künftig Werke von Engländern, Franzosen, Russen, Japanern nicht mehr übersetzt, nicht mehr anerkannt, nicht mehr

kritisiert werden Das ist kein Gerücht, sondern Tatsache und schon in die Praxis getreten.
Also ein schönes japanisches Märchen, ein guter französischer Roman, von einem Deutschen noch vor Kriegsbeginn treu und liebevoll übersetzt, muß jetzt totgeschwiegen werden. Eine schöne, gute Gabe, mit Liebe unserm Volk dargebracht, wird zurückgestoßen, weil einige japanische Schiffe Tsingtau bekriegen. Und wenn ich heute das Werk eines Italieners, eines Türken, eines Rumänen lobe, so darf das nur mit dem Vorbehalt gelten, daß nicht vor Beendigung des Abdrucks in diesen Völkern ein Diplomat oder Journalist die politische Lage ändert!
Anderseits sehen wir Künstler und Gelehrte mit Protesten gegen kriegführende Mächte auf den Plan treten. Als ob jetzt, wo die Welt in Brand steht, solche Worte vom Schreibtisch irgendeinen Wert hätten. Als ob ein Künstler oder Literat, und sei er der beste und berühmteste, in den Dingen des Krieges irgend etwas zu sagen hätte.
Andere nehmen am großen Geschehen teil, indem sie den Krieg ins Studierzimmer tragen und am Schreibtisch blutige Schlachtgesänge verfassen oder Artikel, in denen der Haß zwischen den Völkern genährt und ingrimmig geschürt wird. Das ist vielleicht das Schlimmste. Jeder, der im Felde steht und täglich sein Leben wagt, habe das volle Recht zur Erbitterung und momentanem Zorn und Haß, und jeder aktive Politiker ebenso. Aber wir anderen, wir Dichter, Künstler, Journalisten – kann es unsere Aufgabe sein, das Schlimme zu verschlimmern, das Häßliche und Beweinenswerte zu vermehren?
Gewinnt Frankreich etwas, wenn alle Künstler der Welt gegen die Gefährdung eines schönen Bauwerkes protestieren? Gewinnt Deutschland etwas, wenn es keine englischen und französischen Bücher mehr liest? Wird irgend etwas in der Welt besser, gesünder, richtiger, wenn ein französischer Schriftsteller den Feind mit gemeinen Schimpfworten bewirft und das Heer zu tierischer Wut aufzustacheln sucht?
Alle diese Äußerungen, vom frech erfundenen »Gerücht« bis zum Hetzartikel, vom Boykott »feindlicher« Kunst bis zum Schmähwort gegen ganze Völker, beruhen auf einem Mangel

des Denkens, auf einer geistigen Bequemlichkeit, die man jedem kämpfenden Soldaten ohne weiteres zugute hält, die aber einem besonnenen Arbeiter oder Künstler schlecht ansteht. Ich nehme von vorneherein alle diejenigen von meinem Vorwurf aus, denen schon vorher die Welt bei den Grenzpfählen aufhörte. Die Leute, denen jedes der französischen Malerei erteilte Lob ein Greuel war und denen bei jedem Fremdwort der Zornschweiß ausbrach, die sind es nicht, von denen hier die Rede ist, die tun weiter, was sie vorher taten. Aber die anderen alle, die sonst mit mehr oder weniger Bewußtsein am übernationalen Bau der menschlichen Kultur tätig gewesen sind und jetzt plötzlich den Krieg ins Reich des Geistes hinübertragen wollen, die begehen ein Unrecht und einen groben Denkfehler. Sie haben so lange der Menschheit gedient und an das Vorhandensein einer übernationalen Menschheitsidee geglaubt, als dieser Idee kein grobes Geschehen widersprach, als es bequem und selbstverständlich war, so zu denken und zu tun. Jetzt, wo es zur Arbeit, zur Gefahr, zum Sein oder Nichtsein wird, an jener größten aller Ideen festzuhalten, jetzt kneifen sie aus und singen den Ton, den der Nachbar gerne hört.

Wohlverstanden, dies geht nicht gegen die vaterländische Gesinnung und die Liebe zum eigenen Volkstum. Ich bin der letzte, der in dieser Zeit sein Vaterland verleugnen möchte, und es würde mir nicht einfallen, einen Soldaten vom Erfüllen seiner Pflicht abzuhalten. Da man jetzt einmal am Schießen ist, soll geschossen werden – aber nicht des Schießens und der verabscheuungswürdigen Feinde wegen, sondern um so bald wie möglich eine höhere und bessere Arbeit wieder aufzunehmen! Es wird jetzt jeden Tag viel von dem vernichtet, wofür alle Gutgesinnten unter den Künstlern, Gelehrten, Reisenden, Übersetzern, Journalisten aller Länder sich ihr Leben lang bemühten. Das ist nicht zu ändern. Töricht und falsch aber ist es von jedem, der je eine einzige helle Stunde lang an die Idee der Menschheit, an eine internationale Wissenschaft, eine nicht national beschränkte Schönheit in der Kunst geglaubt hat, wenn er jetzt, über das Ungeheure erschrocken, die Fahne wegwirft und sein Bestes mit in den allgemeinen Ruin schmeißt. Ich glaube, es sind sehr wenige, es ist vielleicht nicht einer unter unseren Dichtern und Literaten, in dessen Gesamtwerke später einmal das Beste das sein wird, was er heute im Zorn der Stunde gesagt und geschrieben hat. Es ist auch unter ihnen, soweit sie überhaupt ernst zu nehmen sind, nicht einer, dem Körners Vaterlandslieder im Herzen lieber wären als die Gedichte jenes Goethe, der sich vom großen Befreiungskrieg seines Volkes so merkwürdig fernhielt.

Ja eben, rufen jetzt die Nurpatrioten, dieser Goethe ist uns immer verdächtig gewesen, er war nie ein Patriot, und er hat den deutschen Geist mit jener milden, kühlen Internationalität verseucht, an der wir lang gelitten haben und die unser deutsches Bewußtsein merklich geschwächt hat.

Da sitzt der Kern der Frage. Goethe war nie ein schlechter Patriot, obwohl er Anno 1813 keine Nationallieder gedichtet hat. Aber über die Freude am Deutschtum, das er kannte und liebte wie nur einer, ging ihm die Freude am Menschentum. Er war ein Bürger und Patriot in der internationalen Welt des Gedankens, der inneren Freiheit, des intellektuellen Gewissens, und er stand in den Augenblicken seines besten Denkens so hoch, daß ihm die Geschicke der Völker nicht mehr in ihrer Einzelgewichtigkeit, sondern nur noch als untergeordnete Bewegungen des Ganzen erschienen.

Mag man das einen kühlen Intellektualismus schelten, der im Augenblick ernster Gefahr zu schweigen habe – es ist dennoch der Geist, in dem die besten deutschen Denker und Dichter gelebt haben. An ihn zu erinnern und an die Mahnung zu Gerechtigkeit, Mäßigung, Anstand, Menschenliebe, die er enthält, dazu ist es jetzt mehr Zeit als je. Soll es denn dazu kommen, daß Mut dazu gehört für einen Deutschen, ein gutes englisches Buch besser zu finden als ein schlechtes deutsches? Soll der Geist unsrer Kriegführenden selber, der den feindlichen Gefangenen schont und erhält, den Geist unsrer Denker beschämen, der den Feind auch da, wo er friedlich ist und Gutes bringt, nicht mehr anerkennen und schätzen will? Was sollte da nach dem Kriege werden, in jener Zeit, vor der wir alle schon ein wenig bangen, wo Reisen und geistiger Austausch zwischen den Völkern darnieder liegen werden? Und wer soll dazu beitragen und daran arbeiten, daß es wieder anders wird, daß man sich wieder versteht, wieder anerkennt, wieder voneinander lernt – wer soll das tun, wenn nicht wir, die wir am Schreibtisch sitzen und unsere Brüder im Felde stehen wissen? Ehre jedem, der mitkämpft, mit Blut und Leben, auf dem Schlachtfeld unter den Granaten! Uns andern, die es mit der Heimat gut meinen und an der Zukunft nicht verzweifeln wollen, uns ist die Aufgabe geworden, ein Stück Frieden zu erhalten, Brücken zu schlagen, Wege zu suchen, aber nicht mit dreinzuhauen (mit der Feder!) und die Fundamente für die Zukunft Europas noch mehr zu erschüttern.

Noch ein Wort für jene vielen, die man unter diesem Krieg verzweifelnd leiden sieht und denen jede Kultur, jede Menschlichkeit dadurch vernichtet scheint, daß jetzt Krieg ist. Krieg war immer, seit wir von Menschengeschicken wissen, und es waren keine Gründe für den Glauben da, er sei nun abgeschafft. Es war lediglich die Gewohnheit langen Friedens, die uns das vortäuschte. Krieg wird so lange sein, als die Mehrzahl der Menschen noch nicht in jenem Goetheschen Reich des Geistes mitleben kann. Krieg wird noch lange sein, er wird vielleicht immer sein. Dennoch ist die Überwindung des Krieges nach wie vor unser edelstes Ziel und die letzte Konsequenz abendländisch-christlicher Gesittung. Der Forscher, der das Mittel gegen eine Seuche sucht, wird seine Arbeit nicht wegwerfen, wenn eine neue Epidemie ihn überrascht. Noch viel weniger wird »Friede auf Erden« und Freundschaft unter den Menschen, die eines guten Willens sind, jemals aufhören, unser höchstes Ideal zu sein. Menschliche Kultur entsteht durch Veredlung tierischer Triebe in geistigere, durch Scham, durch Phantasie, durch Erkenntnis. Daß das Leben wert sei, gelebt zu werden, ist der letzte Inhalt und Trost jeder Kunst, obgleich alle Lobpreiser des Lebens noch haben sterben müssen. Daß Liebe höher sei als Haß, Verständnis höher als Zorn, Friede edler als Krieg, das muß ja eben dieser unselige Weltkrieg uns tiefer einbrennen, als wir es je gefühlt. Wo wäre sonst sein Nutzen?

An einen Staatsminister
August 1917

Nach einem strengen Arbeitstage habe ich heute abend meine Frau gebeten, mir eine Sonate von Beethoven zu spielen. Von den Geschäften und Sorgen riefen die Stimmen dieser Musik, Engelsstimmen, mich zurück in die wirkliche Welt, in die Welt der einzigen Realität, die wir besitzen, die uns Freuden und Qualen macht, in der und für die wir leben.
Nachher las ich noch einige Zeilen in dem Buch, in dem die Bergpredigt steht und das hohe, uralte, grundlegende Wort: »Du sollst nicht töten!«
Aber ich fand keine Ruhe, ich konnte weder zu Bette gehen noch weiterlesen. Ich war voll Unruhe und Angst, und indem ich sann und suchte, wo die Ursache läge, erinnerte ich mich plötzlich an einige Sätze aus einer Rede von Ihnen, Herr Minister, die ich dieser Tage gelesen.
Ihre Rede war formgewandt, im übrigen ist sie nicht besonders neu, wichtig und provozierend gewesen. Sie sagte, auf das Wesentliche reduziert, so ziemlich dasselbe, was alle Reden aller Regierenden seit längerer Zeit zu sagen pflegen: daß man zwar so im allgemeinen nichts sehnlicher wünsche als einen Frieden, als eine neue Einigkeit und fruchtbare Arbeit für die Zukunft der Völker, daß man weder sich bereichern noch Mordgelüste befriedigen wolle – daß aber »der Augenblick für Verhandlungen« noch nicht gekommen sei, und daß man also zunächst einmal tapfer weiter Krieg führen müsse. So ziemlich jeder Minister jedes kriegführenden Volkes hätte eine ähnliche Rede halten können, hält sie vielleicht morgen oder übermorgen.
Daß diese Rede mich heute nicht schlafen läßt, obwohl ich schon oft ganz ähnliche Reden mit demselben traurigen Schlusse gelesen und daraufhin gut geschlafen habe, daran ist, wie ich jetzt genau weiß, die Sonate von Beethoven schuld, sie und jenes alte Buch, in dem ich nachher noch gelesen habe, wo die wundersamen Gebote vom Sinai stehen und die lichten Worte des Heilandes.
Die Musik Beethovens und die Worte der Bibel sagten zu

mir genau dasselbe, es war Wasser aus einer Quelle – aus der einzigen Quelle, aus welcher den Menschen Gutes kommt. Und nun empfand ich plötzlich, daß Ihre Rede, Herr Minister, und die Reden Ihrer regierenden Kollegen hier und dort nicht aus dieser Quelle stammen, daß sie dessen entbehren, was Menschenworte wichtig und wertvoll machen kann. Sie entbehren der Liebe, sie entbehren der Menschlichkeit.

Ihre Rede zeigt ein tiefes Gefühl der Sorge und Verantwortlichkeit für Ihr Volk, für das Heer Ihres Volkes, für die Ehre Ihres Volkes. Sie zeigt aber kein Gefühl für die Menschheit. Und sie bedeutet, in kurzen Worten, einige Zehntausend neue Menschenopfer.

Sie werden vielleicht meine Erinnerung an Beethoven eine Sentimentalität nennen. Die Worte Jesu und der Bibel werden Sie, wenigstens öffentlich, schon eher mit einem gewissen Respekt bedenken. Aber wenn Sie auch nur an ein einziges der Ideale glauben, für die Sie Krieg führen, sei es die Freiheit der Länder oder der Meere, sei es der politische Fortschritt oder die Rechte der kleinen Nationen – wenn Sie auch nur an ein einziges dieser Ideale, an einen einzigen dieser nichtegoistischen Gedanken wirklich in Ihrer Seele glauben, so müssen Sie beim Durchlesen Ihrer Rede erkennen, daß sie nicht diesem Ideal gedient hat, daß sie überhaupt keinem Ideal gedient hat. Sie ist nicht Ausdruck und Ergebnis eines Glaubens, eines Gefühls, einer menschlichen Notwendigkeit, sondern sie ist leider nur Ausdruck und Ergebnis einer Verlegenheit. Einer begreiflichen Verlegenheit gewiß, denn nichts mag schwerer sein als jetzt, heute, sich zu einer gewissen Enttäuschung über die Resultate des Krieges zu bekennen und den nächsten Weg zu einem Frieden zu suchen.

Indessen eine Verlegenheit, sei sie auch die von zehn Regierungen, ist ein Ding, das nicht fortbestehen kann. Über die Verlegenheiten siegen die Notwendigkeiten. Und einmal, irgendeinmal wird es notwendig sein, für Sie und alle Ihre feindlichen Kollegen notwendig und unumgänglich sein, die Verlegenheit einzugestehen und ihr durch Entschlüsse ein Ende zu bereiten.

Denn von den Resultaten des Krieges sind, heute und schon

längere Zeit, sämtliche Kriegführenden enttäuscht. Einerlei wer hier und dort gesiegt hat, einerlei wieviel Gefangene man gemacht und verloren, wieviel Land man besetzt und wieviel eingebüßt hat – das Resultat ist nicht das gewesen, das man von einem Kriege erwartet. Es ist keine Lösung, keine Klärung, keine Entscheidung gekommen, und es ist auch keine abzusehen.

Um diesen Zustand einer großen Verlegenheit vorübergehend vor sich und vor Ihrem Volke zu verschleiern, um große und wichtige Entschlüsse (die immer Opfer kosten) einstweilen noch zu verschieben – darum haben Sie Ihre Rede gehalten, und darum halten die andern Regierenden die ihren. Das ist begreiflich. Es ist leichter für einen Revolutionär, oder auch für einen Schriftsteller, das Menschliche in einer Weltlage zu bekennen und Folgen daraus zu ziehen, als für einen verantwortlichen Staatsmann. Es ist leichter für unsereinen, weil er nicht für seine Person sich für die ungeheure Depression verantwortlich fühlen muß, die ein Volk ergreift, wenn es einsieht, es habe sein Kriegsziel nicht erreicht, es habe vielleicht Hunderttausende an Menschen und Milliarden an »Werten« vergeblich geopfert.

Aber nicht bloß darum haben Sie es schwerer, die Verlegenheit zu bekennen und das Ende des Krieges durch Entschlüsse zu fördern. Sie haben es auch darum schwerer, weil Sie zu wenig Musik hören, zu wenig in der Bibel und in großen Dichtern lesen.

Das macht Sie lächeln. Vielleicht sagen Sie auch, Sie als Privatmann hätten zu Beethoven und allem Schönen und Edlen das innigste Verhältnis, und haben es wirklich. Aber ich möchte sehr wünschen, Sie möchten dieser Tage einmal zufällig eine edle Musik hören und dabei plötzlich wieder einmal die Stimmen vernehmen, die aus jener heiligen Quelle kommen! Ich möchte sehr wünschen, Sie läsen dieser Tage einmal in einem Augenblick der Ruhe ein Gleichnis Jesu, einen Vers von Goethe, einen Spruch von Lao Tse.

Der Augenblick, in dem Sie es täten, könnte für die Welt unendlich wichtig werden. Es könnte sein, daß Sie innere Befreiung fänden. Es könnte sein, daß Ihnen Augen und Ohren plötzlich geöffnet würden. Ihre Augen und Ohren, Herr Minister, sind seit Jahren darauf abgerichtet, theoretische Ziele statt der Wirklichkeit zu sehen, sie sind – das war ja notwendig! – seit langer Zeit daran gewöhnt, eine Menge von Dingen der Wirklichkeit nicht zu sehen, zu übersehen, vor sich selber zu leugnen. Sie wissen, was ich meine? Ja, Sie wissen es. Aber die Stimme eines großen Dichters, die Stimme der Bibel, die ewige klare Stimme der Menschlichkeit, die aus der Kunst zu uns spricht, sie vermöchte vielleicht, Sie für einen Augenblick wirklich sehend und hörend zu machen. Ach, was würden Sie da sehen und hören! Nichts mehr von Arbeitermangel und Kohlenpreisen, nichts mehr von Tonnage und von Bündnissen, von Anleihen, Aushebungen und allen Dingen, die seit langem allein noch Realitäten für Sie waren. Statt ihrer würden Sie die Erde sehen, unsere alte geduldige Erde, wie sie voll von Leichen und von Sterbenden liegt, wie sie zerrissen und zerstört, verbrannt und geschändet ist. Sie würden Soldaten sehen, die zwischen den Fronten liegen, tagelang, und mit den zerschossenen Händen die Fliegen nicht von den Wunden jagen können, an denen sie zugrunde gehen. Sie würden die Stimmen der Verwundeten, die Schreie der Wahnsinnigen, die Klagen und Anklagen der Mütter und Väter, der Bräute und Schwestern hören, den Schrei des Hungers im Volk.

Wenn Sie dies alles erst wieder hörten, was Sie geflissentlich in Monaten und Jahren nicht mehr hören durften, dann würden Sie vielleicht noch einmal mit neuen Sinnen Ihre Kriegsziele, Ihre Ideale und Theorien betrachten und prüfen und würden ihren wirklichen Wert abzuwägen suchen gegen das Elend eines einzigen Kriegsmonates, eines einzigen Kriegstages.

Wenn doch das irgendwie zu erreichen wäre, diese Stunde Musik, diese Rückkehr zur wahren Wirklichkeit! Ich weiß, Sie würden die Stimme der Menschheit hören, ich weiß, Sie würden sich einschließen und weinen. Und andern Tags würden Sie gehen und tun, was Ihre Pflicht gegen die Menschheit ist. Sie würden ein paar Millionen oder Milliarden Geld, Sie würden die Geringfügigkeit einer kleinen Einbuße an

Prestige, Sie würden tausend Dinge (alle die Dinge, für die Sie in Wirklichkeit jetzt allein noch kämpfen) in den Wind schlagen und nötigenfalls Ihren Ministerstuhl dazu, und Sie würden dafür das tun, was die Menschheit in unsagbarer Angst und Qual von Ihnen hofft und erfleht – Sie würden als Erster unter den Regierenden diesen jammervollen Krieg verdammen, würden als Erster unter den Verantwortlichen das aussprechen, was heimlich alle schon fühlen: daß ein Halbjahr, daß ein Monat Krieg mehr kostet, als alles, was er einbringen kann, wert ist.

Wir würden dann Ihren Namen nie mehr vergessen, Herr Minister, und Ihre Tat würde der Menschheit höher gelten als die Taten aller, welche jemals Kriege geleitet und gewonnen haben.

Soll Friede werden?

Dezember 1917

Lloyd George und Wilson haben beide noch jüngst ihren unerschütterlichen Kriegswillen kundgegeben. In der italienischen Kammer ist der Sozialist Mergari, der einige menschliche und natürliche Worte sprach, wie ein Irrsinniger behandelt worden. Und ein Wolff-Telegramm, das ein Gerücht über ein neues deutsches Friedensangebot dementiert, tut dies in der steifen Form: »Deutschland und seine Verbündeten haben nicht den geringsten Anlaß, ihr hochherziges Friedensangebot zu wiederholen.«

Also alles wie immer, und wo in der Welt ein friedlicher Grashalm wachsen will, da tritt alsogleich ein Militärstiefel mit dem genagelten Absatz drauf!

Aber gleichzeitig liest man, wie in Brest-Litowsk die Friedensverhandlungen begonnen haben, wie Herr Kühlmann die Verhandlungen eröffnete mit dem Hinweis auf die Bedeutung der Weihnacht und unter Anführung der Worte des Evangeliums vom Frieden auf Erden. Wenn es ihm damit Ernst ist, wenn er auch nur ahnungsweise etwas vom Sinn jener ungeheuren Worte je gespürt hat, so muß der Friede zustande kommen. Leider hat man mit den Bibelzitaten im Munde von Staatsmännern bisher keine frohen Erfahrungen gemacht.

Auf zwei Orte hin blickt seit vielen Tagen die ganze Welt. An zwei Orten fühlt man Völkerschicksale reifen, Zukunft winken, Verhängnis drohen. Im Osten sind es die Friedensverhandlungen von Brest-Litowsk, denen die Welt mit der äußersten Spannung zuhört. Zugleich aber lauscht man mit Angst nach der deutschen Westfront hin, denn jedermann fühlt, jedermann weiß, daß hier, wenn nicht vorher ein Wunder geschieht, das Furchtbarste bevorsteht, was jemals zwischen Menschen vor sich gegangen ist: der brutalste, grimmigste, blutigste, scheußlichste Riesenkampf, den die Welt bis heute gesehen hat.

Jedermann weiß das, und jedermann, mit Ausnahme einiger kühner politischer Redner und Kriegsgewinner, zittert davor. Über den Erfolg dieses Massenwürgens sind die Meinungen und Hoffnungen verschieden. Bei beiden Parteien gibt es eine Minderzahl, die ernstlich an einen entscheidenden Sieg glaubt. Woran aber niemand glaubt, der einen Rest von Denkfähigkeit besitzt, das ist die Erreichung der idealen Menschheitsziele, von denen in den Reden aller Staatsmänner so viel gesprochen wird. Je größer, je blutiger, je vernichtender diese Endkämpfe des Weltkrieges ausfallen, desto weniger wird erreicht für die Zukunft, desto weniger wird Haß und Rivalität gemildert, desto weniger der Gedanke an das Erreichen politischer Ziele durch das verbrecherische Mittel des Krieges zur Unmöglichkeit gemacht. Sollte gar tatsächlich eine Partei den Endsieg davontragen (und einzig mit diesem Ziel rechtfertigen ja die Anführer ihre Hetzreden), dann hat das, was man »Militarismus« nennt und mit Recht verabscheut, glücklich das Spiel gewonnen! Es ist nicht auszudenken, wie ziellos, wie irrsinnig alle Bestrebungen der Kriegsparteiler sind, vorausgesetzt, daß ihnen auch nur je ein einziges Wort von ihren idealen Zielen Ernst war und aus dem Herzen kam. Nicht auszudenken!

Und für diesen Knäuel von hoffnungslosen Trugschlüssen, für diese einander in sich selbst widerprechenden Pläne und Hoffnungen soll nun nochmals eine Totschlägerei von unabsehbarem Umfang beginnen? Während alle Völker, die auch nur die geringste Erfahrung vom Leide des Krieges gemacht haben, atemlos und betend auf die Ereignisse der russischen Friedensverhandlungen warten, während alle Welt diesen Russen so von Herzen gut und dankbar dafür ist, daß sie als erste unter den Völkern den Krieg an der Wurzel gepackt haben, um ihm ein Ende zu machen, während die halbe Welt Hunger leidet und jede wertvolle Menschenarbeit unterbunden oder auf halben Betrieb gesetzt ist – während all dem bereitet sich in Frankreich das vor, wovon laut zu reden man sich beinahe scheut, die Riesenmetzelei, die den Krieg entscheiden soll und nicht entscheiden wird, das letzte sinnlose Aufgebot von Heroismus und Geduld, der letzte scheußliche Triumph des Dynamits und der Maschinen über Menschenleben und Menschengeist!

Angesichts dieser Lage ist es unser aller Pflicht, die einzige und heilige Pflicht jedes gutgesinnten Menschen auf der Erde, sich nicht mit Gleichgültigkeit zu wappnen und die Dinge laufen zu lassen, wohin sie mögen, sondern sein Äußerstes zu tun, um dies Letzte zu verhindern.

Ja, was tun? ruft ihr. Wären wir Staatsmänner und Regierende, wir täten gewiß das Unsre, aber so haben wir ja keine Macht!

Diese bequeme Antwort gibt der Mensch auf jede Verantwortung, solange sie ihm nicht allzusehr auf die Nägel brennt. Fragt man die Politiker und Leiter, so schütteln sie alle ebenso den Kopf und bekennen ihre Machtlosigkeit. Also nicht sie sind es, die im Wege stehen.

Im Wege steht unser aller Trägheit und Feigheit, unser aller Trotz und Unvernunft. Ebenso wie Sonnino jenem braven Mergari gegenüber sich weigerte, »etwas zu sagen, was den Feind freuen könnte«, ebenso wie jenes Wolff-Telegramm behauptet, in Deutschland sei »nicht der geringste Anlaß« vorhanden, von neuem das Äußerste für den Frieden zu tun – ebenso tun wir alle jeden Tag. Wir nehmen die Dinge hin, wie sie gehen, wir freuen uns über Siege, bedauern Verluste der eigenen Partei, wir billigen und anerkennen stillschweigend den Krieg als Mittel der Politik.

Ach, jedes Volk und jede Familie, jeder einzelne Mensch in ganz Europa und weit darüber hinaus hat »Anlaß« übergenug, sein Letztes und Äußerstes für einen Frieden herzugeben, nach dem alle sich sehnen. Es gibt auf Erden nur eine verschwindend kleine Minderzahl von Menschen, welche ernstlich die Fortsetzung des Krieges wünschen – sie allerdings sind unsrer Verachtung und unsres ehrlichsten Hasses gewiß. Niemandem sonst, niemandem außer einem winzig kleinen Häuflein von kranken Fanatikern oder gewissenlosen Verbrechern liegt das Mindeste am Kriege – und dennoch – unfaßlich! – geht er weiter und weiter, und man rüstet auf allen Seiten wacker für die angeblich letzte große Schlächterei im Westen!
Möglich ist dies nur, weil wir alle zu träge, zu bequem, zu scheu sind. Möglich ist dies nur, weil wir heimlich im Herzen irgendwo den Krieg billigen und dulden, weil wir alle Erkenntnisse unsres Wissens wie unsrer Seele immer wieder in den Wind schlagen und in Gottes Namen den verfahrenen Karren weiterrollen lassen. So tun die Regierenden, so tun die Heere, so tun wir Zuschauer. Daß man dem Krieg durch ernstliches Wollen ein Ende machen kann, wissen wir alle. Wir wissen, daß noch immer jede, auch die kühnste Verwirklichung wahrhaft erfühlter Notwendigkeiten geglückt ist, jedem Widerstand gegenüber. Wir haben mit Bewunderung und tiefem Herzklopfen zugesehen, wie die Russen die Waffen niedergelegt und ihren Friedenswillen bekundet haben. Kein Volk, das bei diesem wunderbaren Schauspiel nicht ergriffen und tief im Herzen und Gewissen angepackt worden wäre! Aber im nächsten Augenblick sagt man sich von den Verpflichtungen solcher Gefühle los. In der ganzen Welt ist jeder Politiker sehr für Revolution, für Vernunft und Niederlegen der Waffen – nur aber beim Feinde, ja nicht bei sich selber! Wenn es uns Ernst ist, können wir den Krieg überwinden. Die Russen haben uns wieder einmal die uralte religiöse, heilige Lehre gegeben, wie der Schwache der Mächtigste sein kann. Warum folgt niemand nach? Warum begnügen sich Parlamente und Kammern überall mit dem alten Weiterschwatzen über die täglichen Kleinigkeiten und stehen

nirgends zugunsten des großen, zurzeit einzig wichtigen Gedankens auf? Warum ist man nur dort für die Selbstbestimmung der Nationen, wo man Profit davon hofft? Warum glaubt man den gelogenen idealistischen Phrasen der offiziellen Redner noch? Man hat längst gesagt, jedes Volk habe die Regierung, die es selber wolle und verdiene. Gut, dann haben wir Europäer eben auch das, was wir wollen und verdienen, nämlich die blutige, brutale und grausame Herrschaft des Krieges.

Wir wollen ja aber alle nicht! Wir wollen ja alle das Gegenteil! Ausgenommen eine kleine Schicht von Geschäftemachern will keine einzige Seele auf Erden die Fortsetzung dieses beschämenden und traurigen Zustandes! Rühren wir uns also! Bekunden wir doch unsere Friedensbereitschaft auf jede Weise! Unterlassen wir doch solche unnützen Provokationen, wie jenes Wolff-Dementi eine war, und wehren wir uns gegen Worte wie das Sonninos. Die Stunde hat geschlagen, wo uns eine kleine Demütigung, ein Zugeständnis, eine Regung der Menschlichkeit nicht mehr schänden kann! Wir haben nicht auf kleine nationale Eitelkeiten zu achten, jetzt, wo wir uns alle so über und über mit Blut besudelt haben!

Den Staatsmann, welcher heute noch Weltpolitik treiben will aus rein national-eigensüchtigen Programmen heraus, der den Ruf der Menschheit auch jetzt noch nicht vernommen hat, setzen wir ihn doch lieber heute schon vor die Tür als erst, wenn noch mehr Millionen für seine Dummheit geblutet haben werden!

Und wir alle zusammen, Große und Kleine, Kriegführende und Neutrale: seien wir nicht blind für die grauenvolle Mahnung dieses Augenblicks, wo so Unausdenkliches sich vorbereitet! Der Friede ist da! Er ist da als Gedanke, als Wunsch, als Vorschlag, als still wirkende Macht, auf allen Seiten, in allen Herzen. Wenn jeder einzelne sich ihm öffnet, wenn jeder des festen Willens ist, dem Frieden zu helfen, ein Träger und Leiter seiner Gedanken, seiner Ahnungen zu sein – wenn jeder gutgesinnte Mensch jetzt eine kleine Weile nichts anderes will als dazu beitragen, daß der Friedenswille auf keine Störungen, keine Isolierschichten, keine Hemmnisse treffe, dann werden wir den Frieden haben.

Und dann werden wir alle mitgeholfen haben, ihn zu rufen, und werden uns seiner großen Aufgaben würdig fühlen dürfen – während wir bis heute keinen Gedanken im Herzen tragen, der stärker wäre als der unsrer Mitschuld.

Wenn der Krieg noch zwei Jahre dauert

Ende 1917

Seit meiner Jugend hatte ich die Gewohnheit, von Zeit zu Zeit zu verschwinden und zur Erfrischung in andere Welten unterzutauchen; man pflegte mich dann zu suchen und nach einiger Zeit als vermißt auszuschreiben, und wenn ich schließlich wiederkam, so war es mir stets ein Vergnügen, die Urteile der sogenannten Wissenschaft über mich und meine »Abwesenheits«- oder Dämmerzustände anzuhören. Während ich nichts anderes tat als das, was meiner Natur selbstverständlich war und was früher oder später die meisten Menschen werden tun können, wurde ich von diesen seltsamen Menschen für eine Art Phänomen angesehen, von den einen als ein Besessener, von den andern als ein mit Wunderkräften Begnadeter.

Kurz, ich war also wieder eine Weile fortgewesen. Nach zwei oder drei Kriegsjahren hatte die Gegenwart viel an Reiz für mich verloren, und ich drückte mich hinweg, um eine Weile andere Luft zu atmen. Auf dem gewohnten Wege verließ ich die Ebene, in der wir leben, und hielt mich gastweise auf anderen Ebenen auf. Ich war eine Zeitlang in fernen Vergangenheiten, jagte unbefriedigt durch Völker und Zeiten, sah den üblichen Kreuzigungen, Händeln, Fortschritten und Verbesserungen auf Erden zu und zog mich dann für einige Zeit ins Kosmische zurück.

Als ich wiederkam, war es 1920, und zu meiner Enttäuschung standen sich überall noch immer mit der gleichen geistlosen Hartnäckigkeit die Völker im Kriege gegenüber. Es waren einige Grenzen verschoben, einige ausgesuchte Regionen älterer höherer Kulturen mit Sorgfalt zerstört worden, aber alles in allem hatte sich äußerlich auf der Erde nicht viel geändert.

Groß war der erreichte Fortschritt in der Gleichheit auf Erden. Wenigstens in Europa sah es in allen Ländern, wie ich hörte, genau gleich aus, auch der Unterschied zwischen Kriegführenden und Neutralen war fast ganz verschwunden. Seit man die Beschießung der Zivilbevölkerung mechanisch durch Freiballons betrieb, welche aus Höhen von 15 000 bis 20 000 Metern im Dahintreiben ihre Geschosse fallen ließen, seither waren die Landesgrenzen, obwohl nach wie vor scharf bewacht, so ziemlich illusorisch geworden. Die Streuung dieser vagen Schießerei aus der Luft herab war so groß, daß die Absender solcher Ballons ganz zufrieden waren, wenn sie nur ihr eigenes Gebiet nicht trafen, und sich nicht mehr darum kümmerten, wie viele ihrer Bomben auf neutrale Länder oder schließlich auch auf das Gebiet von Bundesgenossen fielen.

Dies war eigentlich der einzige Fortschritt, den das Kriegswesen selbst gemacht hatte; in ihm sprach sich endlich einigermaßen klar der Sinn des Krieges aus. Die Welt war eben in zwei Parteien geteilt, welche einander zu vernichten suchten, weil sie beide das gleiche begehrten, nämlich die Befreiung der Unterdrückten, die Abschaffung der Gewalttat und die Aufrichtung eines dauernden Friedens. Gegen einen Frieden, der möglicherweise nicht ewig währen könnte, war man überall sehr eingenommen – wenn der ewige Friede nicht zu haben war, so zog man mit Entschiedenheit den ewigen Krieg vor, und die Sorglosigkeit, mit welcher die Munitionsballons aus ungeheuren Höhen ihren Segen über Gerechte und Ungerechte regnen ließen, entsprach dem Sinn dieses Krieges vollkommen. Im übrigen wurde er jedoch auf die alte Weise mit bedeutenden, aber unzulänglichen Mitteln weitergeführt. Die bescheidene Phantasie der Militärs und Techniker hatte noch einige wenige Vernichtungsmittel erfunden – jener Phantast aber, der den mechanischen Streuballon ausgedacht hatte, war der letzte seiner Art gewesen; denn seither hatten die Geistigen, die Phantasten, Dichter und Träumer sich mehr und mehr vom Interesse für den Krieg zurückgezogen. Er

blieb, wie gesagt, den Militärs und Technikern überlassen und machte also wenig Fortschritte. Mit ungeheurer Ausdauer standen und lagen sich überall die Heere gegenüber, und obwohl der Materialmangel längst dazu geführt hatte, daß die soldatischen Auszeichnungen nur noch aus Papier bestanden, hatte die Tapferkeit sich nirgends erheblich vermindert.
Meine Wohnung fand ich zum Teil durch Flugzeuggeschosse zertrümmert, doch ließ es sich noch darin schlafen. Immerhin war es kalt und unbehaglich, der Schutt am Boden und der feuchte Schimmel an den Wänden mißfiel mir, und ich ging bald wieder weg, um einen Spaziergang zu machen.
Ich ging durch einige Gassen der Stadt, die sich stark gegen früher verändert hatten. Vor allem waren keine Läden mehr zu sehen. Die Straßen waren ohne Leben. Ich war noch nicht lange unterwegs, da trat ein Mann mit einer Blechnummer am Hut auf mich zu und fragte, was ich da tue. Ich sagte, ich gehe spazieren. Er: Haben Sie Erlaubnis? Ich verstand ihn nicht, es gab einen Wortwechsel, und er forderte mich auf, ihm in das nächste Amtshaus zu folgen.
Wir kamen in eine Straße, deren Häuser alle mit weißen Schildern behängt waren, auf denen ich Bezeichnungen von Ämtern mit Nummern und Buchstaben las.
»Beschäftigungslose Zivilisten« stand auf einem Schilde, und die Nummer 2487 B 4 dabei. Dort gingen wir hinein. Es waren die üblichen Amtsräume, Wartezimmer und Korridore, in welchen es nach Papier, nach feuchten Kleidern und Amtsluft roch. Nach manchen Fragen wurde ich auf Zimmer 72 d abgeliefert und dort verhört.
Ein Beamter stand vor mir und musterte mich. »Können Sie nicht strammstehen?« fragte er streng. Ich sagte: »Nein.« Er fragte: »Warum nicht?« »Ich habe es nie gelernt«, sagte ich schüchtern.
»Also Sie sind dabei festgenommen worden, wie Sie ohne Erlaubnisschein spazieren gegangen sind. Geben Sie das zu?«
»Ja«, sagte ich, »das stimmt wohl. Ich hatte es nicht gewußt. Sehen Sie, ich war längere Zeit krank –«
Er winkte ab. »Sie werden dadurch bestraft, daß Ihnen für

drei Tage das Gehen in Schuhen untersagt wird. Ziehen Sie Ihre Schuhe aus!«

Ich zog meine Schuhe aus.

»Mensch!« rief der Beamte da entsetzt. »Mensch, Sie tragen ja Lederschuhe! Woher haben Sie die? Sind Sie denn völlig verrückt?«

»Ich bin geistig vielleicht nicht völlig normal, ich kann das selbst nicht genau beurteilen. Die Schuhe habe ich früher einmal gekauft.«

»Ja, wissen Sie nicht, daß das Tragen von Leder in jedweder Form den Zivilpersonen streng verboten ist? – Ihre Schuhe bleiben hier, die werden beschlagnahmt. Zeigen Sie übrigens doch einmal Ihre Ausweispapiere!«

Lieber Gott, ich hatte keine.

»Das ist mir doch seit einem Jahre nimmer vorgekommen!« stöhnte der Beamte und rief einen Schutzmann herein. »Bringen Sie den Mann ins Amt Nummer 194, Zimmer 8!«

Barfuß wurde ich durch einige Straßen getrieben, dann traten wir wieder in ein Amtshaus, gingen durch Korridore, atmeten den Geruch von Papier und Hoffnungslosigkeit, dann wurde ich in ein Zimmer gestoßen und von einem andern Beamten verhört. Dieser trug Uniform.

»Sie sind ohne Ausweispapiere auf der Straße betroffen worden. Sie bezahlen zweitausend Gulden Buße. Ich schreibe sofort die Quittung.«

»Um Vergebung«, sagte ich zaghaft, »so viel habe ich nicht bei mir. Können Sie mich nicht statt dessen einige Zeit einsperren?«

Er lachte hell auf.

»Einsperren? Lieber Mann, wie denken Sie sich das? Glauben Sie, wir hätten Lust, Sie auch noch zu füttern? – Nein, mein Guter, wenn Sie die Kleinigkeit nicht zahlen können, bleibt Ihnen die härteste Strafe nicht erspart. Ich muß Sie zum provisorischen Entzug der Existenzbewilligung verurteilen! Bitte geben Sie mir Ihre Existenzbewilligungskarte!«

Ich hatte keine.

Der Beamte war nun ganz sprachlos. Er rief zwei Kollegen herein, flüsterte lange mit ihnen, deutete mehrmals auf mich,

und alle sahen mich mit Furcht und tiefem Erstaunen an. Dann ließ er mich, bis mein Fall beraten wäre, in ein Haftlokal abführen.
Dort saßen oder standen mehrere Personen herum, vor der Tür stand eine militärische Wache. Es fiel mir auf, daß ich, abgesehen von dem Mangel an Stiefeln, weitaus der am besten Gekleidete von allen war. Man ließ mich mit einer gewissen Ehrfurcht sitzen, und sogleich drängte ein kleiner scheuer Mann sich neben mich, bückte sich vorsichtig zu meinem Ohr herab und flüsterte mir zu: »Sie, ich mache Ihnen ein fabelhaftes Angebot. Ich habe zu Hause eine Zuckerrübe! Eine ganze, tadellose Zuckerrübe! Sie wiegt beinahe drei Kilo. Sie können sie haben. Was bieten Sie?«
Er bog sein Ohr zu meinem Munde, und ich flüsterte: »Machen Sie mir selbst ein Angebot! Wieviel wollen Sie haben?«
Leise flüsterte er mir ins Ohr: »Sagen wir hundertfünfzehn Gulden!«
Ich schüttelte den Kopf und versank in Nachdenken.
Ich sah, ich war zu lange weggewesen. Es war schwer, sich wieder einzuleben. Viel hätte ich für ein Paar Schuhe oder Strümpfe gegeben, denn ich hatte an den bloßen Füßen, mit denen ich durch die nassen Straßen hatte gehen müssen, schrecklich kalt. Aber es war niemand in dem Zimmer, der nicht barfuß gewesen wäre.
Nach einigen Stunden holte man mich ab. Ich wurde in das Amt Nr. 285, Zimmer 19 f geführt. Der Schutzmann blieb diesmal bei mir; er stellte sich zwischen mir und dem Beamten auf. Es schien mir ein sehr hoher Beamter zu sein.
»Sie haben sich in eine recht böse Lage gebracht«, fing er an. »Sie halten sich in hiesiger Stadt auf und sind ohne Existenzbewilligungsschein. Es wird Ihnen bekannt sein, daß die schwersten Strafen darauf stehen.«
Ich machte eine kleine Verbeugung.
»Erlauben Sie«, sagte ich, »ich habe eine einzige Bitte an Sie. Ich sehe vollkommen ein, daß ich der Situation nicht gewachsen bin und daß meine Lage nur immer schwieriger werden muß. – Ginge es nicht an, daß Sie mich zum Tode verurteilen? Ich wäre sehr dankbar dafür!«

Milde sah der hohe Beamte mir in die Augen.
»Ich begreife«, sagte er sanft. »Aber so könnte schließlich jeder kommen! Auf alle Fälle müßten Sie vorher eine Sterbekarte lösen. Haben Sie Geld dafür? Sie kostet viertausend Gulden.«
»Nein, so viel habe ich nicht. Aber ich würde alles geben, was ich habe. Ich habe großes Verlangen danach zu sterben.«
Er lächelte sonderbar.
»Das glaube ich gerne, da sind Sie nicht der einzige. Aber so einfach geht das mit dem Sterben nicht. Sie gehören einem Staate an, lieber Mann, und sind diesem Staate verpflichtet, mit Leib und Leben. Das dürfte Ihnen doch bekannt sein. Übrigens – ich sehe da eben, daß Sie als Sinclair, Emil, eingetragen sind. Sind Sie vielleicht der Schriftsteller Sinclair?«
»Gewiß, der bin ich.«
»Oh, das freut mich sehr. Ich hoffe, Ihnen gefällig sein zu können. Schutzmann, Sie können inzwischen abtreten.«
Der Schutzmann ging hinaus, der Beamte bot mir die Hand.
»Ich habe Ihre Bücher mit viel Interesse gelesen«, sagte er verbindlich, »und ich will Ihnen gern nach Möglichkeit behilflich sein. – Aber sagen Sie mir doch, lieber Gott, wie Sie in diese unglaubliche Lage geraten konnten?«
»Ja, ich war eben eine Zeitlang weg. Ich flüchtete mich für einige Zeit ins Kosmische, es mögen so zwei, drei Jahre gewesen sein, und offen gestanden hatte ich so halb und halb angenommen, der Krieg würde inzwischen sein Ende gefunden haben. – Aber sagen Sie, können Sie mir eine Sterbekarte verschaffen? Ich wäre Ihnen fabelhaft dankbar.«
»Es wird vielleicht gehen. Vorher müssen Sie aber eine Existenzbewilligung haben. Ohne sie wäre natürlich jeder Schritt aussichtslos. Ich gebe Ihnen eine Empfehlung an das Amt 127 mit, da werden Sie auf meine Bürgschaft hin wenigstens eine provisorische Existenzkarte bekommen. Sie gilt allerdings nur zwei Tage.«
»Oh, das ist mehr als genug!«
»Nun gut! Kommen Sie dann, bitte, zu mir zurück.«
Ich drückte ihm die Hand.
»Noch eines!« sagte ich leise. »Darf ich noch eine Frage an Sie

stellen? Sie können sich denken, wie schlecht orientiert ich in allem Aktuellen bin.«

»Bitte, bitte.«

»Ja, also – vor allem würde es mich interessieren, zu wissen, wie es möglich ist, daß bei diesen Zuständen das Leben überhaupt noch weitergeht. Hält denn ein Mensch das aus?«

»O ja. Sie sind ja in einer besonders schlimmen Lage, als Zivilperson, und gar ohne Papiere! Es gibt sehr wenig Zivilpersonen mehr. Wer nicht Soldat ist, der ist Beamter. Schon damit wird für die meisten das Leben viel erträglicher, viele sind sogar sehr glücklich. Und an die Entbehrungen hat man sich eben so allmählich gewöhnt. Als das mit den Kartoffeln allmählich aufhörte und man sich an den Holzbrei gewöhnen mußte – er wird jetzt leicht geteert und dadurch recht schmackhaft –, da dachte jeder, es sei nicht mehr auszuhalten. Und jetzt geht es eben doch. Und so ist es mit allem.«

»Ich verstehe«, sagte ich. »Es ist eigentlich weiter nicht erstaunlich. Nur eins begreife ich nicht ganz. Sagen Sie mir: wozu eigentlich macht nun die ganze Welt diese riesigen Anstrengungen? Diese Entbehrungen, diese Gesetze, diese tausend Ämter und Beamte – was ist es eigentlich, was man damit beschützt und aufrechterhält?«

Erstaunt sah der Herr mir ins Gesicht.

»Ist das eine Frage!« rief er mit Kopfschütteln. »Sie wissen doch, daß Krieg ist, Krieg in der ganzen Welt! Und das ist es, was wir erhalten, wofür wir Gesetze geben, wofür wir Opfer bringen. Der Krieg ist es. Ohne diese enormen Anstrengungen und Leistungen könnten die Armeen keine Woche länger im Felde stehen. Sie würden verhungern – es wäre unausstehlich!«

»Ja«, sagte ich langsam, »das ist allerdings ein Gedanke! Also der Krieg ist das Gut, das mit solchen Opfern aufrechterhalten wird! Ja, aber – erlauben Sie eine seltsame Frage – warum schätzen Sie den Krieg so hoch? Ist er denn das alles wert? Ist denn der Krieg überhaupt ein Gut?«

Mitleidig zuckte der Beamte die Achseln. Er sah, ich verstand ihn nicht.

»Lieber Herr Sinclair«, sagte er, »Sie sind sehr weltfremd

geworden. Aber bitte, gehen Sie durch eine einzige Straße, reden Sie mit einem einzigen Menschen, strengen Sie Ihre Gedanken nur ein klein wenig an unf fragen Sie sich: Was haben wir noch? Worin besteht unser Leben? Dann müssen Sie doch sofort sagen: Der Krieg ist das einzige, was wir noch haben! Vergnügen und persönlicher Erwerb, gesellschaftlicher Ehrgeiz, Habgier, Liebe, Geistesarbeit – alles existiert nicht mehr. Der Krieg ist es einzig und allein, dem wir es verdanken, daß noch so etwas wie Ordnung, Gesetz, Gedanke, Geist in der Welt vorhanden ist. – Können Sie denn das nicht sehen?«

Ja, nun sah ich es ein, und ich dankte dem Herrn sehr.

Dann ging ich davon und steckte die Empfehlung an das Amt 127 mechanisch in meine Tasche. Ich hatte nicht im Sinne, von ihr Gebrauch zu machen, es war mir nichts daran gelegen, noch irgendeines dieser Ämter zu belästigen. Und noch ehe ich wieder bemerkt und zur Rede gestellt werden konnte, sprach ich den kleinen Sternensegen in mich hinein, stellte meinen Herzschlag ab, ließ meinen Körper im Schatten eines Gebüsches verschwinden und setzte meine vorherige Wanderung fort, ohne mehr an Heimkehr zu denken.

Krieg und Frieden
Sommer 1918

Gewiß haben jene recht, welche den Krieg den Ur- und natürlichen Zustand nennen. Insofern der Mensch ein Tier ist, lebt er durch Kampf, lebt auf Kosten anderer, fürchtet und haßt andere. Leben ist also Krieg.

Was »Friede« sei, ist viel schwerer zu bestimmen. Friede ist weder ein paradiesischer Urzustand noch eine Form durch Übereinkunft geregelten Zusammenlebens. Friede ist etwas, was wir nicht kennen, was wir nur suchen und ahnen. Friede ist ein Ideal. Er ist etwas unsäglich Kompliziertes, Labiles, Bedrohtes – ein Hauch genügt, um ihn zu zerstören. Daß auch nur zwei Menschen, die aufeinander angewiesen sind, in wahrem Frieden miteinander leben, ist seltener und schwieriger als jede andere ethische oder intellektuelle Leistung.

Dennoch ist der Friede, als Gedanke und Wunsch, als Ziel und Ideal, schon sehr alt. Seit Jahrtausenden schon besteht das mächtige, für Jahrtausende grundlegende Wort: »Du sollst nicht töten.« Daß der Mensch solcher Worte, solch ungeheurer Forderungen fähig ist, das kennzeichnet ihn mehr als jedes andere Merkmal, es scheidet ihn vom Tier, trennt ihn scheinbar von der »Natur«.

Der Mensch, so fühlen wir bei solchen mächtigen Worten, ist nicht Tier, er ist überhaupt nichts Festes, Gewordenes und Fertiges, nichts Einmaliges und Eindeutiges, sondern etwas Werdendes, ein Versuch, eine Ahnung und Zukunft, Wurf und Sehnsucht der Natur nach neuen Formen und Möglichkeiten. »Du sollst nicht töten!« war zur Zeit, wo das Wort zuerst aufgestellt wurde, eine Forderung von ungeheuerstem Umfang. Es war nahezu gleichbedeutend mit: »Du sollst nicht atmen!« Es war scheinbar unmöglich, scheinbar wahnsinnig und vernichtend. Dennoch ist dieses Wort in vielen Jahrhunderten aufrecht geblieben und gilt heute wie immer, hat Gesetze, Anschauungen, Sittenlehren geschaffen, hat Frucht getragen und das Menschenleben umgerüttelt und umgepflügt wie wenig andere Worte.

Das »Du sollst nicht töten!« ist nicht das starre Gebot eines lehrhaften »Altruismus«. Altruismus ist etwas, was in der Natur nicht vorkommt. Und »Du sollst nicht töten!« heißt nicht: du sollst dem Andern nicht weh tun! Es heißt: du sollst dich selbst des Andern nicht berauben, du sollst dich selbst nicht schädigen! Der Andere ist ja kein Fremder, ist ja nichts Fernes, Beziehungsloses, für sich Lebendes. Alles auf der Welt, alle die tausend »Anderen« sind ja für mich nur da, insofern ich sie sehe, sie fühle, Beziehungen zu ihnen habe. Aus Beziehungen zwischen mir und der Welt, den »Anderen«, besteht ja einzig mein Leben.

Dies zu erkennen, dies zu ahnen, diese komplizierte Wahrheit zu ertasten, war der bisherige Weg der Menschheit. Es gab Fortschritte und Rückschritte. Es gab Lichtgedanken, aus denen wir uns dann doch wieder finstere Gesetze und

Gewissenshöhlen bauten. Es gab seltsame Dinge wie die Gnosis, wie die Alchimie, von welchen manche Heutige genau zu wissen glauben, wie töricht sie waren, während sie vielleicht höchste Gipfel auf dem Menschheitswege der Erkenntnis waren. Und aus der Alchimie, welche ein Weg zur reinsten Mystik und zur letzten Erfüllung des »Nicht töten!« war, haben wir lächelnd und überlegen eine technische Wissenschaft gemacht, welche Sprengstoffe und Gifte herstellt. Wo ist da Fortschritt? Wo Rückschritt? Es gibt beides nicht.
Auch der große Krieg dieser Jahre zeigt beide Gesichter, sieht oft wie Fortschritt, oft wie Rückschritt aus. Die wüste Massenhaftigkeit und grausame Technik des Mordens sahen sehr wie Rückschritt aus, ja wie Hohn auf jeden Versuch des Fortschritts und des Geistes. Fast wie Fortschritte aber empfinden wir manche neuen Bedürfnisse, Erkenntnisse und Bestrebungen, die der Krieg gezeitigt hat. Ein Journalist glaubte alle diese seelischen Dinge mit dem Wort »Verinnerlichungsrummel« abtun zu dürfen – aber sollte dieser Mann sich nicht sehr getäuscht haben? Sollte er nicht am Ende gerade das Lebendigste, das Feinste, das Wesentlichste und Innerste dieser Zeit mit seinem rohen Wort verworfen haben?
Völlig falsch jedenfalls war die Meinung, die man während des Krieges oft äußern hörte: dieser Krieg sei schon durch seinen bloßen Umfang, seine gräßliche Riesenmechanik geeignet, künftige Generationen vom Kriege abzuschrecken. Abschrekken ist kein Erziehungsmittel. Wem das Töten Spaß macht, dem wird es durch keinen Krieg verleidet. Auch die Einsicht in den materiellen Schaden, den der Krieg anrichtet, wird gar nichts helfen. Die Handlungen der Menschen entspringen kaum zu einem Hundertstel rationellen Erwägungen. Man kann völlig von der Unsinnigkeit irgendeines Tuns überzeugt sein und es dennoch inbrünstig tun. Jeder Leidenschaftliche tut so. –
Eben darum bin ich auch nicht Pazifist, wie viele meiner Freunde und Feinde meinen. Ich glaube an die Herbeiführung des Weltfriedens auf rationellem Wege, durch Predigt, Organisation und Propaganda, so wenig wie an die Entdeckung des Steins der Weisen durch Chemikerkongresse.

Woher aber wird vielleicht doch einst die wahre Friedfertigkeit auf Erden kommen? Nicht von Geboten und nicht aus materiellen Erfahrungen. Sie kommt, wie jeder Menschenfortschritt, aus der Erkenntnis. Alle Erkenntnis aber, wenn man darunter etwas Lebendiges und nicht Akademisches versteht, hat nur einen Gegenstand. Es wird von Tausenden und tausendfach anerkannt und in tausend verschiedenen Arten ausgedrückt, ist aber stets nur eine Wahrheit. Es ist die Erkenntnis des Lebendigen in uns, in jedem von uns, in mir und dir, des geheimen Zaubers, der geheimen Göttlichkeit, die jeder von uns in sich trägt. Es ist die Erkenntnis von der Möglichkeit, von diesem innersten Punkte aus alle Gegensatzpaare zu jeder Stunde aufzuheben, alles Weiß in Schwarz, alles Böse in Gut, alle Nacht in Tag zu verwandeln. Der Inder sagt »Atman«, der Chinese sagt »Tao«, der Christ sagt »Gnade«. Wo jene höchste Erkenntnis da ist (wie bei Jesus, bei Buddha, bei Plato, bei Lao Tse), da wird eine Schwelle überschritten, hinter der die Wunder beginnen. Da hört Krieg und Feindschaft auf. Man kann davon im Neuen Testament und in den Reden Gotamas lesen, und wer will, kann auch darüber lachen und es »Verinnerlichungsrummel« heißen. Wer es erlebt, dem wird der Feind zum Bruder, der Tod zur Geburt, die Schmach zur Ehre, Unglück zu Schicksal. Jedes Ding auf Erden zeigt sich doppelt, einmal als »von dieser Welt« und einmal als »nicht von dieser Welt«. »Diese Welt« aber bedeutet, was »außer uns« ist. Alles, was außer uns ist, kann Feind, kann Gefahr, kann Angst und Tod werden. Mit der Erfahrung, daß all dies »Äußere« nicht nur Gegenstand unserer Wahrnehmung, sondern zugleich Schöpfung unserer Seele ist, mit der Verwandlung des Äußeren in das Innere, der Welt in das Ich, beginnt das Tagen.
Ich sage Selbstverständlichkeiten. Aber wie jeder totgeschossene Soldat die ewige Wiederholung eines Irrtums ist, so wird auch die Wahrheit, in tausend Formen, ewig und immer wiederholt werden müssen.

Weltgeschichte
November 1918

Als ich ein Knabe war und in eine schlechte Lateinschule ging, da war mir das, was man »Weltgeschichte« nannte, etwas unendlich Ehrwürdiges, Fernes, Edles, Mächtiges, so etwas wie Jehova und Moses. Weltgeschichte war früher einmal gewesen, war einmal Gegenwart und Wirklichkeit gewesen, hatte geblitzt und gedonnert und war jetzt lang vergangen, fern und ehrwürdig geworden, stand in Büchern und wurde von Schülern gelernt. Das letzte aus der Weltgeschichte, wovon wir Knaben vernahmen, war der Siebziger Krieg. Das war schon erstaunlicher und erregender: da waren unsere Väter und Onkel noch dabeigewesen, ja es fehlten bloß ein paar Jahre, so hätten wir selber das noch erlebt. Und wie herrlich mußte es gewesen sein: Krieg, Heldentum, wehende Fahnen, reitende Feldherrn, neugewählter Kaiser. Wie uns glaubwürdig und heilig versichert wurde, waren in diesem Krieg Wunder und Heldentaten geschehen, war es wahrhaft großzügig und wirklich weltgeschichtlich zugegangen, nicht bloß so wie gestern und heut und immer. Männer und Frauen hatten Unerhörtes geleistet, Unerhörtes ertragen, Massen Volks hatten geweint und gelacht, hingerissen vom Rausch des Erlebnisses, Fremde hatten sich auf der Straße umarmt, Tapferkeit und Selbstlosigkeit waren selbstverständlich gewesen. Herrgott, wenn man das noch erlebt hätte! Die Leute, die wir kannten, waren alle keine Helden, auch die Lehrer nicht, die zu gewissen Zeiten uns diese erhebenden Geschichten erzählten, auch unsere Väter und Onkel nicht, deren so viele doch wirklich jenen großen heldischen Krieg mitgemacht hatten. Aber irgend etwas mußte daran sein, es waren dicke illustrierte Bücher darüber gedruckt, der Bismarck hing an allen Stubenwänden, und in jedem Herbst wurde das Sedansfest gefeiert, der schönste Tag im Jahr.

Mit fünfzehn Jahren erst sah ich diesen Schimmer verblassen. Ich begann an der Ehrwürdigkeit der Weltgeschichte zu zweifeln, ich ließ mir nicht mehr vorreden, es seien in früheren Zeiten Menschen und Völker anders gewesen als heute, sie hätten damals nicht das Alltagsleben, sondern Opern und Heldenstücke gelebt. Ich wußte, unsere Lehrer hatten die Aufgabe, uns möglichst zu belasten und niederzudrücken, sie forderten Tugenden von uns, die sie selber nicht hatten, und so war wohl auch die Weltgeschichte, die sie uns vorsetzten, so ein Schwindel der Erwachsenen, um uns herabzusetzen und klein zu machen.

Daß ich so töricht und respektlos über die Weltgeschichte denken konnte, hatte seine Gründe. Junge Menschen leben nicht von Kritik und Negationen, sondern von Gefühlen und Idealen. Und in mir ging damals etwas vor, was seither angedauert hat: Ich wurde mißtrauisch gegen die Stimmen von außen, und desto mißtrauischer, je offizieller sie waren. Und überhaupt begann ich zu fühlen, daß das eigentlich Interessante und Lebenswerte, das, was eigentlich uns erfüllen und beschäftigen und in Atem halten kann, nicht außer uns liegt, sondern in uns. Nicht, daß ich davon etwas gewußt hätte – aber ich fühlte es, und ich begann, Philosophen zu lesen, Freigeist zu werden, mich in geliebte Dichter einzuwühlen – alles mit dem dunklen Gefühl, das sei mein Weg, das sei der Weg zu mir, zu mir selbst, und alle anderen Wege seien nicht die, die ich brauche und auf die ich gehöre. Es begann in mir das, was der Christ »Einkehr«, der Psychoanalytiker »Introversion« heißt. Ich kann nicht sagen, ob dieser Weg, diese Art zu sein und zu leben, irgend besser ist als eine andere; ich weiß nur, für den Religiösen und für den Dichter ist sie notwendig, und ihnen wird es niemals, auch nicht, wenn sie wollen und sich darum Mühe geben, gelingen, das zu lernen, was sie neueren offiziellen Weisheitslehrer »historisch denken« heißen.

Viele Jahre lang konnte ich die Welt ihren Lauf gehen lassen, und sie mich. Für mich war das, was in der Welt wichtig genommen wurde und in den Reden und Leitartikeln die große Rolle spielte, nur Oper und Getue – für die Welt hingegen war das, was ich tat und was ich ernst und heilig nahm, eine Schrulle und Spielerei. Und dabei hätte es bleiben können. Aber auf einmal war wieder die Weltgeschichte da! Auf einmal behaupteten Leitartikel, Universitätsprofessoren und Oberlehrer, jetzt sei wieder Weltgeschichte, nicht mehr Alltag, jetzt sei eine »große Zeit« angebrochen. Wir Dichter und andern Außenweltler, welche darüber die Achseln zuckten, und wir Religiösen, die wir vor dem wahnsinnigen Übermut und der grausigen Sorglosigkeit unserer Führer warnten, wir waren jetzt nicht mehr harmlose Poeten, über die man lacht – wir waren jetzt Vaterlandsfeinde, Defaitisten, Miesmacher und wie alle die neuen hübschen Worte hießen. Wir wurden denunziert, wir wurden auf Schwarzen Listen geführt, man schlug uns in »gutgesinnten« Zeitungen giftige Schmähartikel um die Ohren. Im Privatleben war es nicht anders. Als ich im Frühjahr 1915 einem deutschen Freunde sagte, warum denn der Gedanke eigentlich so schrecklich sei, daß wir unter Umständen das Elsaß wieder herausgeben sollten, da ließ er mich merken, daß er persönlich mir zwar manches verzeihe, daß ich aber mit solchen Reden bei andern meine Knochen riskieren würde.

Immer noch sprach man von der »großen Zeit«, und immer noch gelang es mir nicht, sie zu sehen. Das heißt, ich verstand wohl, warum diese Zeit den andern groß schien. Sie schien ihnen so, weil für Tausende zum erstenmal ein Stück inneres Leben aufblitzte, ein wenig Seele aufglimmte. Alte Jungfern, die vorher Möpse gefüttert hatten, konnten nun Verwundete pflegen, junge Menschen trugen ihre Haut zu Markt und empfanden dabei tief schauernd zum erstenmal in aller Fülle, was Leben sei. Das war nicht wenig, das war etwas Großes, etwas Ungeheures – aber es war es nur für jene, die geschichtlich dachten und von großen und andern Zeiten wußten. Für uns andere, für die Religiösen und die Dichter, die auch werktags an Gott glaubten, und denen das Dasein der Seele schon zuvor bekannt war, für uns konnte die Zeit nicht größer, nicht kleiner aussehen als jede. Denn wir lebten mit unserem Innersten und Innigsten nicht in ihr.

So geht es uns auch jetzt, wo wieder Weltgeschichte aufgeführt wird und große Oper in der Welt stattfindet. Es geschieht ja heute vieles, was wir selbst wünschten – es fielen Mächte, die wir teuflisch nannten, und es traten Männer von der Bühne ab, die wir als gefährlich und schlecht gehaßt und bekämpft hatten.

Aber es will uns trotzdem nicht gelingen, auch heute nicht, in den großen Ereignissen aufzugehen und berauscht eine neue »große Zeit« mitzuerleben. Wir spüren das Zittern der Erde, wir leiden unter den Opfern mit, wir verarmen und verhungern mit, aber wir sehen weder in diesen Leiden, noch in den roten Fahnen, neuen Republiken und Volksbegeisterungen die wahrhaft »großen« Dinge. Wir anerkennen auch jetzt nur das und leben nur das wirklich mit, was uns als wirkliche Beseelung der Geschichte, als Aufblitzen des Göttlichen erscheint. Wir hätten mit dem Kaiser, der unser Feind gewesen war, tiefe Teilnahme gefühlt, wenn es ihm gegeben gewesen wäre, auf eine große und würdige Art abzutreten. Und der junge Soldat, der im tollsten und verblendetsten Vaterlands- und Kaiserwahn sein Leben gelassen hat, ist uns unendlich viel lieber und wichtiger als der klügste demokratische Redner, der ihn einen Toren schilt. Demokratie oder Monarchie, Bundesstaat oder Staatenbund, es gilt uns gleich, denn wir fragen einzig nach dem Wie, nie nach dem Was. Und wenn ein Wahnsinniger die tollste Tat aus voller Seele begeht, so ist er uns lieber als alle Professoren, welche vermutlich jetzt mit derselben Biegsamkeit zum neuen Regime übergehen, mit der sie vorher vor Fürsten und Altären sich verbeugt haben. Wir sind blinde Anhänger einer »Umwertung aller Werte« – aber diese Umwertung hat nirgend sonst zu geschehen als in unseren eigenen Herzen.
Ich höre die Stimmen derer, die in unserer ungeschichtlichen und unpolitischen Denkart nichts sehen als die blasierte Gleichgültigkeit von »Intellektuellen«. Sie denken, wir seien Leute, denen eben alles zu Papier wird, für welche Krieg und Revolution, Tod und Leben nur noch Worte sind. Es gibt solche, gewiß. Mit uns aber haben sie nichts zu tun. Wir sind nicht Gesinnungslose. Wir kennen zwar nicht »gute« und »schlechte« Gesinnungen, nicht rechte und linke – wir kennen aber zweierlei Menschen und urteilen einzig danach: solche, die ihre Gesinnungen zu leben suchen, und solche, die ihre Gesinnungen nur in der Brusttasche tragen. Den deutschen Kaisertreuen, der die Umwälzung der Dinge nicht ertragen kann und sich in ritterlicher Romantik am Fuß eines Denk-

mals das Leben nimmt, den halten wir nicht gerade für vorbildlich, aber wir lieben und verstehen ihn, während wir den Klugen verachten, der heute den revolutionären Jargon schon ebenso gut redet wie noch gestern den altmodisch-patriotischen.

Wie Mächtiges geht jetzt vor, wie viele Herzen schlagen in diesen Tagen wieder leidenschaftlich in Hingabe und Hoffnung! Wie Großes kann jetzt geschehen! Wir Sonderlinge und Wüstenprediger stehen nicht abseits, sind nicht gleichgültig, fühlen uns nicht erhaben – aber wir halten für »groß« immer nur das, was in Menschenseelen vor sich geht. Die Umbekehrung vom Kaiserglauben zum demokratischen Glauben ist für uns nur ein Flaggenwechsel. Möchte sie bei vielen Tausenden mehr sein als das!

Das Ende des vierjährigen Krieges, das dieser Tage mit dem Waffenstillstand im Westen eintrat, ist nirgends gefeiert worden. Hüben feierte man den Sturz des Despotismus, drüben den Sieg. Die Tatsache, daß von einer gewissen Stunde an die ganze unsinnige Schießerei nach vier Schreckensjahren aufgehört hat, die hat eigentlich niemand aufgeregt. Merkwürdige Welt! Um wieviel kleinere Dinge schlägt man jetzt wieder Fensterscheiben und auch Menschenschädel ein!

Der Weg der Liebe

Dezember 1918

Wem es gut geht, der kann manches tun, was überflüssig und was töricht ist. Wo das Behagen aufhört und die Not beginnt, da setzt die Erziehung ein, die das Leben uns geben will. Wenn ein unartiges Kind sich gegen Strafe und Besserung sträubt, weil andre Kinder ebenso unartig seien, so lächeln wir und haben die Antwort schnell bereit. Aber ebenso wie das unartige Kind haben wir Deutsche den ganzen traurigen Krieg hindurch uns immer wieder darauf berufen, daß unsre Feinde zum mindesten nicht besser seien als wir. War von Eroberungslust die Rede, so wies man auf Englands Kolonien hin. Sprach man von persönlichem Regiment, so hieß es, Wilson regiere viel unumschränkter als irgendein deutscher Fürst. Und so weiter.

Die Not hat begonnen. Möge nun auch die Erziehung beginnen! Es geht uns Deutschen heute überaus schlecht, wir wissen noch nicht, ob und wie wir morgen leben werden. Und gerade jetzt ist die Versuchung zu unnützen Gebärden und Gefühlen groß. Man liest Briefe und Gedichte, Artikel und Anregungen, welche auf alle üblen Instinkte spekulieren, die im bestraften Kind sich gerne regen. Man beginnt da und dort auch schon wieder »historisch« (das heißt unmenschlich) zu denken. Man vergleicht unsre heutige Lage mit der Lage, in die wir Frankreich im Jahr 1870 gebracht hatten, und zieht dieselben Schlüsse daraus: Zähne zusammenbeißen, das Unabwendbare ertragen, im Herzen aber Rache brüten und das Unglück später einmal wieder gutmachen!

Als vor vier Jahren deutsche Soldaten im frohen Übermut des Kriegsbeginns an ihre Kasernentore schrieben: »Hier werden noch Kriegserklärungen entgegengenommen«, da durften wir, die anders dachten, nichts sagen. Jeder von uns hat jedes Wort der Menschlichkeit, der Warnung und der ernsten Zukunftsgedanken mit Schmähung und Verdächtigung, mit Verfolgung und Freundschaftskündigungen bezahlen müssen.

Das wollen wir nun nicht wieder beginnen. Es hat sich gezeigt, daß unsre Psychologie falsch war, daß wir zu Kriegsbeginn Gebärden und Worte vollführt hatten, deren Quelle nicht wahrer Wille, sondern Hysterie war. Gewiß, es war bei den »Andern« genau ebenso, und die Schmähungen des Feindes bis in seine edelsten übernationalen Leistungen und Eigenschaften hinein waren bei einigen unserer Feinde ebenso schlimm wie bei uns, und es waren auch dort die üblen »Führer« des Volkes, die sich hysterisch benahmen und unverantwortliche Dinge sagten.

Aber gerade das Sichberufen darauf, daß es ja der Feind auch nicht besser machte, muß nun endlich bei uns aufhören. Wenn heute General Foch eine ähnliche Härte zeigt, wie sie unser tüchtiger General Hoffmann einst in Brest-Litowsk zeigte, so ist es nicht an uns und kleidet uns schlecht, wenn wir ihn

anbellen. Er benimmt sich als Sieger, wie wir uns damals als Sieger benahmen.
Heute sind wir nicht Sieger. Unsre Rolle ist eine andre. Und ob es uns weiter in der Welt zu leben und zu gedeihen glückt, das hängt einzig und allein davon ab, wieweit wir unsre Rolle erkennen, wieweit wir ernst und bereit genug sind, die Folgen unsrer Lage auf uns zu nehmen.
Die Not hat unser Volk dazu gebracht, sich seiner alten Führer zu entledigen und sich für selbstherrlich zu erklären. Das war eine Tat aus der fruchtbaren Tiefe des Unbewußten, woher jede wahre Tat kommt. Es war die Gebärde eines Erwachens aus tiefen Täuschungen. Es war ein Bruch mit Überkommenem, Verkalktem. Es war ein erstes Aufdämmern der Erkenntnis: »Da es mit den nationalen Idealen unsrer alten Führer ein Schwindel war – ist nicht Menschlichkeit, Vernunft, guter Wille der bessere Weg?«
Unser Herz hat ja dazu gerufen. Die »heiligsten Güter« der alten Zeit sind uns plötzlich abhanden gekommen, wir warfen sie weg, weil wir sahen, daß sie nur bemalte Theaterkleinodien waren.
Dabei müssen wir nun bleiben. Wir haben den schwersten Weg betreten, den ein Mensch – und gar ein Volk! – gehen kann: den Weg der Aufrichtigkeit, den Weg der Liebe. Gehen wir diesen Weg zu Ende, dann haben wir gewonnen. Dann ist dieser lange Krieg und die schmerzliche Niederlage unser gutes, verdientes, zu Wert und Zukunft verwandeltes Schicksal geworden, unser Besitz und Stolz, nicht mehr unsre Krankheit und Wunde.
Der Weg der Liebe ist darum so schwer zu gehen, weil in der Welt an Liebe wenig geglaubt wird, weil sie überall auf Mißtrauen stößt. Das sehen ja auch wir schon jetzt am Beginn unsres neuen Weges. Die Feinde sagen: Ihr habt euch unter die rote Fahne geflüchtet, weil ihr euch um die Folgen eurer Taten drücken wollt! – Es gilt nun aber nicht, dem Feind unsre Aufrichtigkeit mit Worten zu beweisen. Es gilt, ihn langsam und unwiderstehlich durch Wahrhaftigkeit und Liebe zu gewinnen. Alle guten Gedanken von Menschheit und Völkerbund, von brüderlicher gemeinsamer Arbeit aller Völ-

ker, von Verzicht auf Machtzuwachs – alles das, wovon bei uns und bei den Feinden viel geredet worden ist und zum Teil ohne vollen Ernst, das muß unser voller und innigster Ernst und Wille sein und bleiben.

Wir haben die Rolle und Aufgabe des Besiegten. Diese Aufgabe ist die uralte, heilige Aufgabe jedes Unglücklichen auf Erden: sein Los ertragen, und nicht nur ertragen, sondern es ganz in sich aufnehmen, sich mit ihm eins machen, es verstehen – bis das Unglück nicht mehr als fremdes, aus fernen Wolken über uns herabgehageltes Schicksal empfunden wird, sondern uns gehört, unser Wesen durchdringt, unsre Gedanken leitet.

Vor allem hindert viele von uns an diesem Einswerden mit dem Schicksal (welches das einzige Überwinden des Schicksals ist) eine falsche Scham. Wir sind gewohnt, etwas von uns zu verlangen, was von Natur in keinem Menschen ist: Heroismus! Während man siegt, sieht der Heroismus auch ganz hübsch aus. Sobald man unterliegt und Kräfte braucht, seiner Lage bewußt und Herr zu werden, dann zeigt sich der Heroismus als eine feindliche, gefährliche, lähmende Macht – dann zeigt er sich als der Moloch, der er ist. Er, der uns so viel Tausende von Brüdern gekostet hat, er, der die Welt nun jahrelang wie ein wahnsinniger Gott regiert hat, er darf nicht mehr unser Ideal und Führer sein!

Nein, wir müssen den begonnenen Weg, den schweren einsamen Weg der Aufrichtigkeit und der Liebe, weiter und zu Ende gehen. Denn wir wollen und dürfen nicht wieder werden, was wir einmal waren: ein mächtiges Volk mit viel Geld und viel Kanonen, regiert von Geld und von Kanonen. Auch wenn wir auf diesem Weg die ganze alte Macht und die Weltherrschaft dazu erreichen könnten, wir dürfen ihn doch nicht gehen, auch nicht mit ihm liebäugeln. Sonst schlagen wir allem ins Gesicht, was wir aus tiefster Not und verzweifelter Selbsterkenntnis in diesen letzten Wochen getan und begonnen haben. Wenn unsre Revolution nichts war als ein Versuch, auf anderem Wege vielleicht wohlfeiler zu entkommen, uns um ein Stück Schicksal zu drücken, dann taugt diese Revolution nichts.

Auch das kann ja nicht sein! Nein, diese herrliche, ungewollte, machtvoll plötzliche Bewegung ist nicht aus Klugheiten und Berechnungen geflossen, sie kam aus dem Herzen, aus Millionen Herzen. Möge nun, was aus dem Herzen kam, herzlich und wahrhaftig fortgeführt werden! Widerstehen wir der Versuchung zu allen effektvollen, theaterhaften, hysterischen Heroismen, spielen wir nicht die Trotzigen, zu Unrecht Gezüchtigten, und halten wir uns namentlich nicht daran, daß wir denen, die jetzt unsre Richter spielen, das Recht dazu aberkennen! Ob unsre Feinde dieses furchtbaren Rechtes würdig sind oder nicht, das ist für uns von gar keiner Bedeutung. Schicksal kommt von Gott, und wenn wir nicht lernen, es als göttlich, als heilig und weise anzuerkennen, wenn wir es nicht lieben und erfüllen lernen, dann sind wir unterlegen. Dann sind wir nicht mehr edle Besiegte, die das Unabänderliche zu tragen wissen, sondern schmählich Liegengebliebene.

Aufrichtigkeit ist eine gute Sache, aber sie ist wertlos ohne die Liebe. Liebe heißt jede Überlegenheit, jedes Verstehenkönnen, jedes Lächelnkönnen im Schmerz. Liebe zu uns selbst und unsrem Schicksal, herzliches Einverstandensein mit dem, was das Unerforschliche mit uns will und plant, auch wo wir es noch nicht übersehen und verstehen können, – das ist unser Ziel. Möglich, daß die Völker Rußlands und Österreichs den Weg später mit uns gemeinsam gehen werden – für heute brauchen wir nichts als den Willen und Entschluß, unsern begonnenen Weg fortzusetzen.

Und aus dem Willen, unser Schicksal zu erfüllen, dem Neuen offen und bereit zu stehen, aus dem Vertrauen in die einfache Beredsamkeit unsrer Not, unseres leidenden Menschentums, werden hundert andre, neue Kräfte wachsen. Wer einmal das Ganze eines Schicksals auf sich genommen hat, dem wird das Auge heller für das Einzelne. Der »gute Wille«, den die alte selige Verheißung meint, wird unsern Armen die Armut tragen helfen, wird unsern Industriellen helfen, den Weg vom egoistischen Kapitalismus zum selbstlosen Verwalten menschlicher Arbeit zu finden. Dieser Wille wird unsre künftigen Gesandten im Auslande fähig machen, statt der alten verlogenen Betriebsamkeit eine neue würdige Vertretung unsres

Gesamtwillens zu leisten. Er wird aus unsern Dichtern und Künstlern und aus all unsrer Arbeit sprechen und wird still und langsam, aber eindringlich uns das erobern, was wir der Welt gegenüber verloren haben: das Vertrauen und die Liebe.

Du sollst nicht töten
1919

Die Zähmung des Menschen, seine Entwicklung vom Gorilla zum Kulturwesen, geht einen langen, langsamen Weg. Die praktischen, in Sitte und Gesetz festgelegten Errungenschaften sind zweifelhaft, jede Gelegenheit fördert zähnefletschende Atavismen zutage und macht alles scheinbar für immer Erreichte wieder hinfällig. Wenn wir das vorläufige Ziel der Menschwerdung in der Erfüllung der geistigen Forderungen suchen, welche seit Zoroaster und Lao Tse von den geistigen Führern der Menschheit aufgestellt worden sind, dann müssen wir sagen, daß die heutige Menschheit noch unendlich viel näher beim Gorilla als beim Menschen steht. Wir sind noch nicht Menschen, wir sind nur auf dem Wege zum Menschentum.

Vor einigen tausend Jahren hat das religiöse Gesetz eines hochstehenden Volkes den grundlegenden Satz aufgestellt: »Du sollst nicht töten.« – Im Frühjahr 1919 wurde es als fortschrittlich und wertvoll empfunden, als Baron Wrangel in Bern vor einer internationalen kleinen Gesellschaft von Idealisten die Forderung formulierte, es dürfe in Zukunft kein Mensch mehr dazu gezwungen werden, andere Menschen zu töten, »auch nicht mehr im Dienste des Vaterlandes«. So weit sind wir. Das Gesetz, das Moses am Sinai formuliert hat, wird manche tausend Jahre später von einer kleinen Gesellschaft wohlgesinnter Menschen mit Einschränkungen und in vorsichtig schüchterner Fassung wieder aufgestellt. Kein einziges Kulturvolk der Welt hat das Verbot des Menschentötens uneingeschränkt in sein Gesetz aufgenommen. Das Einfachste, menschlich Richtigste ist heute noch überall Gegenstand von ängstlichen Diskussionen. Jeder

Schüler Lao Tses, jeder Jünger Jesu, jeder Nachfolger des Franz von Assisi war vor vielen Jahrhunderten weiter, unendlich viel weiter, als Gesetz und Vernunft der Kulturwelt heute sind.

Dies scheint gegen den Wert jener hohen Forderungen zu sprechen und den Fortschritt, die Fortschrittsmöglichkeit der Menschheit einfach zu verneinen. Hundert andere Beispiele könnten demselben Beweise dienen. Indessen wird tatsächlich der Wert jener menschheitlichen Forderungen und Erkenntnisse durch diese traurigen Erfahrungen gar nicht berührt. Der Satz »Du sollst nicht töten« ist seit Tausenden von Jahren von Tausenden von Menschen treu in Ehren gehalten und befolgt worden. Dem Alten Testament ist ein Neues gefolgt, Christus war möglich, die teilweise Befreiung der Juden war möglich, die Menschheit hat Goethe, hat Mozart, hat Dostojewski hervorgebracht. Und immer war eine Minderheit von Wohlmeinenden da, von Gläubigen der Zukunft, welche Gesetze befolgten, die in keinem weltlichen Gesetzbuch stehen. Auch während dieses scheußlichen Krieges haben Tausende von Menschen sich zu ungeschriebenen, höheren Gesetzen bekannt, haben als Soldaten Milde geübt und dem Feind Achtung gezeigt oder haben standhaft sich der Pflicht zum Morden und Hassen geweigert und sich dafür einsperren und quälen lassen.

Um diese Menschen und Taten schätzen zu können, um den Zweifel an der Entwicklung des Tieres zum Menschen zu überwinden, muß man im Glauben leben. Man muß Gedanken ebenso hoch werten können wie Flintenkugeln oder Geldstücke, man muß Möglichkeiten lieben und in sich pflegen können, man muß in sich selbst Zukunftsahnungen und Entwicklungsreihen spüren und träumen können.

Der »Praktiker«, der in den Sitzungen und Kommissionen immer recht hat, hat außerhalb seiner Kommissionen immer und immer unrecht. Recht hat immer die Zukunft, der Gedanke, der Glaube. Denn aus diesem Motor wird die Welt mit Kraft gespeist, aus keinem andern. Und wer Menschheitsgedanken für Humanitätsduselei, Zukunftsforderungen für Literatur, Menschheitserwägungen für Geschwätz erklärt, ist eben noch Gorilla und hat noch einen weiten Weg zum Menschen hin.

Ein schönes Beispiel, das auch die »Praktiker« anerkennen werden: Peters erzählt einmal in seinen Kolonialerinnerungen von Negern, denen er befohlen hatte, Kokospalmen zu pflanzen. Die Neger weigerten sich, etwas so Mühsames und Unsinniges zu tun. Peters rechnete ihnen vor, daß die heute gepflanzten Bäume in acht bis zehn Jahren groß seien, Früchte tragen und die heutige Mühe hundertfach lohnen würden. Das wußten nun die Neger zwar auch, denn sie sind keineswegs dumm. Aber daß ein Mensch sich für einen Lohn, der in zehn Jahren erst fällig wird, heute schon plagen soll, das fanden sie wahnsinnig, und lachten die einfältigen weißen Leute dafür herzlich aus.

Wir Geistigen, wir Dichter, wir Seher, wir Narren und Zukunftsträumer sind es, welche die Bäume für später pflanzen. Viele von diesen Bäumen werden nicht gedeihen, viele Samen werden taub sein, viele unserer Träume werden sich als Irrtümer, als Irrwege, als fehlgeschlagene Versuche erweisen. Was schadet es?

Nur muß man nicht aus Dichtern Praktiker, aus Gläubigen Rechner, aus Träumern Organisatoren machen wollen. Während des Krieges hat man die Künstler, Dichter und Intellektuellen zu Soldaten und Erdarbeitern gemacht. Jetzt will man sie »politisieren« und zu Organen der aktuellen Entwicklung machen. Das ist so, wie wenn man ein Barometer zum Nägeleinschlagen benützen wollte. Weil heute Not herrscht, darum soll augenblicklich jede Kraft fürs Tägliche benutzt, jeder Wille für die Praxis der Stunde dienstbar gemacht werden.

Aber die Tuerei hilft nichts, wenn auch die Not zum Himmel schreit. Die Welt wird nicht rascher fortschreiten, wenn Ihr Dichter zu Volksrednern, Philosophen zu Ministern macht. Sie wird fortschreiten überall da, wo ein Mensch das tut, wozu er da ist, was seine Art von ihm fordert, was er darum gut und gerne tut. Und die Beschäftigung mit der Zukunft und der Glaube an den einstigen Menschen und das tastende Spiel mit den Möglichkeiten der Ferne und Zukunft wird, auch wenn die Praktiker es stets als einen Luxus betrachten werden, dennoch immer wieder genau ebenso notwendig sein wie die Organisationen der Politik, wie das Häuserbauen und Brotbacken.

Und immer wieder werden wir Gläubigen der Zukunft jene alte Forderung erheben: »Du sollst nicht töten.« Auch wenn alle Gesetzbücher der ganzen Welt einmal das Töten verbieten werden (einbegriffen das Töten im Krieg und das Töten durch den Henker), wird die Forderung niemals verstummen. Denn sie ist die Grundforderung jedes Fortschrittes, jeder Menschwerdung. Wir töten so viel! Wir töten ja nicht nur in den dummen Schlachten, in den dummen Straßenschießereien der Revolution, in den dummen Hinrichtungen – wir töten auf Schritt und Tritt. Wir töten, indem wir begabte junge Menschen aus Not in Berufe gehen lassen, für die sie nicht geeignet sind. Wir töten, indem wir vor Armut, Not, Schande die Augen zudrücken. Wir töten, indem wir aus Bequemlichkeit abgestorbenen Einrichtungen in Gesellschaft, Staat, Schule, Religion gelassen zusehen und Billigung heucheln, statt ihnen entschlossen den Rücken zu kehren. Wie für den konsequenten Sozialismus das Eigentum ein Diebstahl ist, so ist für den konsequenten Gläubigen unserer Art jedes Nichtanerkennen von Leben, jede Härte, jede Gleichgültigkeit, jede Verachtung nichts anderes als Töten. Man kann nicht nur Gegenwärtiges töten, sondern auch Zukünftiges. Mit einem bißchen witziger Skepsis kann man in einem jungen Menschen eine Menge Zukunft töten. Überall wartet Leben, überall blüht Zukunft, und wir sehen immer nur wenig davon, treten vieles davon ständig mit Füßen. Wir töten auf Schritt und Tritt.

Jeder einzelne von uns aber hat in bezug auf die Menschheit nur eine Aufgabe! Nicht das Ganze der Menschheit ein Stückchen zu fördern, nicht eine einzelne Einrichtung zu verbessern, nicht eine einzelne Art des Tötens abzuschaffen ist meine und deine Aufgabe, Mitmensch, so hübsch und verdienstlich dies alles auch ist. Unsere Aufgabe als Menschen ist: innerhalb unseres eigenen, einmaligen, persönlichen Lebens einen Schritt weiter zu tun vom Tier zum Menschen.

Eigensinn

1919

Eine Tugend gibt es, die liebe ich sehr, eine einzige. Sie heißt Eigensinn. – Von allen den vielen Tugenden, von denen wir in Büchern lesen und von Lehrern reden hören, kann ich nicht so viel halten. Und doch könnte man alle die vielen Tugenden, die der Mensch sich erfunden hat, mit einem einzigen Namen umfassen. Tugend ist: Gehorsam. Die Frage ist nur, *wem* man gehorche. Nämlich auch der Eigensinn ist Gehorsam. Aber alle andern, so sehr beliebten und belobten Tugenden sind Gehorsam gegen Gesetze, welche von Menschen gegeben sind. Einzig der Eigensinn ist es, der nach diesen Gesetzen nicht fragt. Wer eigensinnig ist, gehorcht einem anderen Gesetz, einem einzigen, unbedingt heiligen, dem Gesetz in sich selbst, dem »Sinn« des »Eigenen«.

Es ist sehr schade, daß der Eigensinn so wenig beliebt ist! Genießt er irgendwelche Achtung? O nein, er gilt sogar für ein Laster oder doch für eine bedauerliche Unart. Man nennt ihn bloß da bei seinem vollen, schönen Namen, wo er stört und Haß erregt. (Übrigens: wirkliche Tugenden stören immer und erregen Haß. Siehe Sokrates, Jesus, Giordano Bruno und alle anderen Eigensinnigen.) Wo man einigermaßen den Willen hat, Eigensinn wirklich als Tugend oder doch als hübsche Zierde gelten zu lassen, da schwächt man den rauhen Namen dieser Tugend nach Möglichkeit ab. »Charakter« oder »Persönlichkeit« – das klingt nicht so herb und beinah lasterhaft wie »Eigensinn«. Das tönt schon hoffähiger, auch »Originalität« läßt man sich zur Not gefallen. Letztere freilich nur bei geduldeten Sonderlingen, bei Künstlern und solchen Käuzen. In der Kunst, wo der Eigensinn keinen merklichen Schaden für Kapital und Gesellschaft anrichten kann, läßt man ihn als Originalität sogar sehr gelten, beim Künstler gilt ein gewisser Eigensinn geradezu für wünschenswert; man bezahlt ihn gut. Sonst aber versteht man unter »Charakter« oder »Persönlichkeit« in der heutigen Tagessprache etwas äußerst Verzwicktes, nämlich einen Charakter, der zwar vorhanden ist und gezeigt und dekoriert werden kann, der sich aber bei jedem irgend wichtigen Anlaß sorgfältig unter fremde Gesetze beugt. »Charakter« nennt man einen Mann, der einige eigene Ahnungen und Ansichten hat, aber nicht nach ihnen lebt. Er läßt nur ganz fein so je und je durchblicken, daß er anders denkt, daß er Meinungen hat. In dieser sanften und eitlen Form gilt Charakter auch schon unter Lebenden für Tugend. Hat aber einer eigene Ahnungen und lebt wirklich nach ihnen, so geht er des lobenden Zeugnisses »Charakter« verlustig, und es wird ihm nur »Eigensinn« zuerkannt. Aber nehmen wir doch das Wort einmal wörtlich! Was heißt denn »Eigensinn«? Das, was einen eigenen Sinn hat. Oder nicht?

Einen »eigenen Sinn« nun hat jedes Ding auf Erden, schlechthin jedes. Jeder Stein, jedes Gras, jede Blume, jeder Strauch, jedes Tier wächst, lebt, tut und fühlt lediglich nach seinem »eigenen Sinn«, und darauf beruht es, daß die Welt gut, reich und schön ist. Daß es Blumen und Früchte, daß es Eichen und Birken, daß es Pferde und Hühner, Zinn und Eisen, Gold und Kohle gibt, das alles kommt einzig und allein davon her, daß jedes kleinste Ding im Weltall seinen »Sinn«, sein eigenes Gesetz in sich trägt und vollkommen sicher und unbeirrbar seinem Gesetze folgt.

Einzig zwei arme, verfluchte Wesen auf Erden gibt es, denen es nicht vergönnt ist, diesem ewigen Ruf zu folgen und so zu sein, so zu wachsen, zu leben und zu sterben, wie es ihnen der tief eingeborene eigene Sinn befiehlt. Einzig der Mensch und das von ihm gezähmte Haustier sind dazu verurteilt, nicht der Stimme des Lebens und Wachstums zu folgen, sondern irgendwelchen Gesetzen, die von Menschen aufgestellt sind und die immer von Zeit zu Zeit wieder von Menschen gebrochen und geändert werden. Und das ist nun das Sonderbarste: Jene wenigen, welche die willkürlichen Gesetze mißachteten, um ihren eigenen, natürlichen Gesetzen zu folgen – sie sind zwar meistens verurteilt und gesteinigt worden, nachher aber wurden sie, gerade sie, für immer als Helden und Befreier verehrt. Dieselbe Menschheit, die den Gehorsam gegen ihre willkürlichen Gesetze als höchste Tugend bei den Lebenden preist und fordert, dieselbe Mensch-

heit nimmt in ihr ewiges Pantheon gerade jene auf, die jener Forderung Trotz boten und lieber ihr Leben ließen, als ihrem »eigenen Sinn« untreu wurden.
Das »Tragische«, jenes wunderbar hohe, mystisch-heilige Wort, das so voll von Schauern aus einer mythischen Menschheitsjugend her ist und das jeder Berichterstatter täglich so namenlos mißbraucht, das »Tragische« bedeutet ja gar nichts anderes als das Schicksal des Helden, der daran zugrunde geht, daß er entgegen den hergebrachten Gesetzen dem eigenen Sterne folgt. Dadurch, und einzig dadurch, eröffnet sich der Menschheit immer wieder die Erkenntnis vom »eigenen Sinn«. Denn der tragische Held, der Eigensinnige, zeigt den Millionen der Gewöhnlichen, der Feiglinge, immer wieder, daß der Ungehorsam gegen Menschensatzung keine rohe Willkür sei, sondern Treue gegen ein viel höheres, heiligeres Gesetz. Anders ausgedrückt: der menschliche Herdensinn fordert von jedermann vor allem Anpassung und Unterordnung – seine höchsten Ehren aber reserviert er keineswegs den Duldsamen, Feigen, Fügsamen, sondern gerade den Eigensinnigen, den Helden.
Wie die Berichterstatter die Sprache mißbrauchen, wenn sie jeden Betriebsunfall in einer Fabrik »tragisch« nennen (was für sie, die Hanswurste, gleichbedeutend ist mit »bedauerlich«), so tut die Mode nicht minder unrecht, wenn sie vom »Heldentod« all der armen, hingeschlachteten Soldaten spricht. Das ist auch so ein Lieblingswort der Sentimentalen, vor allem der Daheimgebliebenen. Die Soldaten, die im Kriege fallen, sind gewiß unsres höchsten Mitgefühls würdig. Sie haben oft Ungeheures geleistet und gelitten, und sie haben schließlich mit ihrem Leben bezahlt. Aber darum sind sie nicht »Helden«, so wenig wie der, der eben noch ein einfacher Soldat war und vom Offizier wie ein Hund angeschrien wurde, durch die tötende Kugel plötzlich zum Helden wird. Die Vorstellung ganzer Massen, ganzer Millionen von »Helden« ist an sich widersinnig.
Der »Held« ist nicht der gehorsame, brave Bürger und Pflichterfüller. Heldisch kann nur der Einzelne sein, der seinen »eigenen Sinn«, seinen edlen, natürlichen Eigensinn zu

seinem Schicksal gemacht hat. »Schicksal und Gemüt sind Namen Eines Begriffes«, hat Novalis gesagt, einer der tiefsten und unbekanntesten deutschen Geister. Aber nur der Held ist es, der den Mut zu seinem Schicksal findet.

Würde die Mehrzahl der Menschen diesen Mut und Eigensinn haben, so sähe die Erde anders aus. Unsere bezahlten Lehrer zwar (dieselben, die uns die Helden und Eigensinnigen früherer Zeiten so sehr zu rühmen wissen) sagen, es würde dann alles drüber und drunter gehen. Beweise haben und brauchen sie nicht. In Wirklichkeit würde unter Menschen, die selbständig ihrem inneren Gesetz und Sinn folgen, das Leben reicher und höher gedeihen. In ihrer Welt würde manches Scheltwort und mancher rasche Backenstreich vielleicht ungesühnt bleiben, welcher heute ehrwürdige staatliche Richter beschäftigen muß. Es würde auch hin und wieder ein Totschlag passieren – kommt das trotz allen Gesetzen und Strafen nicht auch heute vor? Manche furchtbare und unausdenklich traurige, irrsinnige Dinge aber, die wir mitten in unserer so wohlgeordneten Welt schauerlich gedeihen sehen, wären dann unbekannt und unmöglich. Zum Beispiel Völkerkriege.

Jetzt höre ich die Autoritäten sagen: »Du predigst Revolution.«

Wieder ein Irrtum, der nur unter Herdenmenschen möglich ist. Ich predige Eigensinn, nicht Umsturz. Wie sollte ich Revolution wünschen? Revolution ist nichts anderes als Krieg, ist genau wie dieser eine »Fortsetzung der Politik mit anderen Mitteln«. Der Mensch aber, der einmal den Mut zu sich selber gefühlt und die Stimme seines eigenen Schicksals gehört hat, ach, dem ist an Politik nicht das mindeste mehr gelegen, sie sei nun monarchisch oder demokratisch, revolutionär oder konservativ! Ihn kümmert anderes. Sein »Eigensinn« ist wie der tiefe, herrliche, gottgewollte Eigensinn jedes Grashalms auf nichts anderes gerichtet als auf sein eigenes Wachstum. »Egoismus«, wenn man will. Allein dieser Egoismus ist ein ganz und gar anderer als der verrufene des Geldsammlers oder des Machtgeizigen!

Der Mensch mit jenem »Eigensinn«, den ich meine, sucht

nicht Geld oder Macht. Er verschmäht diese Dinge nicht etwa, weil er ein Tugendbold und resignierender Altruist wäre – im Gegenteil! Aber Geld und Macht und all die Dinge, um derentwillen Menschen einander quälen und am Ende totschießen, sind dem zu sich selbst gekommenen Menschen, dem Eigensinnigen, wenig wert. Er schätzt eben nur Eines hoch, die geheimnisvolle Kraft in ihm selbst, die ihn leben heißt und ihm wachsen hilft. Diese Kraft kann durch Geld und dergleichen nicht erhalten, nicht gesteigert, nicht vertieft werden. Denn Geld und Macht sind Erfindungen des Mißtrauens. Wer der Lebenskraft in seinem Innersten mißtraut, wem sie fehlt, der muß sie durch solche Ersatzmittel, wie Geld, kompensieren. Wer das Vertrauen zu sich selber hat, wer nichts anderes mehr wünscht, als sein eigenes Schicksal rein und frei in sich zu erleben und ausschwingen zu lassen, dem sinken jene überschätzten, tausendmal überzahlten Hilfsmittel zu untergeordneten Werkzeugen herab, deren Besitz und Gebrauch angenehm, aber nie entscheidend sein kann.

Oh, wie ich diese Tugend liebe, den Eigensinn! Wenn man sie erst einmal erkannt und etwas davon in sich gefunden hat, dann werden die vielen bestempfohlenen Tugenden allesamt merkwürdig zweifelhaft.

Der Patriotismus ist so eine. Ich habe nichts gegen ihn. Er setzt an Stelle des Einzelnen einen größeren Komplex. Aber so richtig als Tugend geschätzt wird er doch erst, wenn das Schießen losgeht – dieses naive und so lächerlich unzulängliche Mittel, »die Politik fortzusetzen«. Den Soldat, der Feinde totschießt, hält man doch eigentlich immer für den größeren Patrioten als den Bauern, der sein Land möglichst gut anbaut. Denn letzterer hat davon selber Vorteil. Und komischerweise gilt in unserer verzwickten Moral stets diejenige Tugend für zweifelhaft, die ihrem Inhaber selber wohltut und nützt!

Warum eigentlich? Weil wir gewohnt sind, Vorteile immer auf Kosten anderer zu erjagen. Weil wir voll Mißtrauen meinen, immer gerade das begehren zu müssen, was ein anderer hat.

Der Wildenhäuptling hat den Glauben, die Lebenskraft der von ihm getöteten Feinde gehe in ihn selber über. Liegt nicht dieser selbe arme Negerglaube jedem Krieg zugrunde, jeder Konkurrenz, jedem Mißtrauen zwischen den Menschen? Nein, wir wären glücklicher, wenn wir den braven Bauer mindestens dem Soldaten gleichstellen würden! Wenn wir den Aberglauben aufgeben könnten, das, was ein Mensch oder ein Volk an Leben und Lebenslust gewinne, müsse unbedingt einem andern weggenommen sein!

Nun höre ich den Lehrer sprechen: »Das klingt ja sehr hübsch, aber bitte betrachten Sie die Sache einmal ganz sachlich vom nationalökonomischen Standpunkt aus! Die Weltproduktion ist –«

Worauf ich erwidere: »Nein, danke. Der nationalökonomische Standpunkt ist durchaus kein sachlicher, er ist eine Brille, durch die man mit sehr verschiedenen Ergebnissen schauen kann. Zum Beispiel vor dem Kriege konnte man nationalökonomisch beweisen, daß ein Weltkrieg unmöglich sei oder doch nicht lange dauern könne. Heute kann man, ebenfalls nationalökonomisch, das Gegenteil beweisen. Nein, lasset uns doch einmal Wirklichkeiten denken, statt dieser Phantasien!«

Es ist nichts mit diesen »Standpunkten«, sie mögen heißen, wie sie wollen, und sie mögen von den fettesten Professoren vertreten werden. Sie sind alle Glatteis. Wir sind weder Rechenmaschinen noch sonstwelche Mechanismen. Wir sind Menschen. Und für den Menschen gibt es nur *einen* natürlichen Standpunkt, nur *einen* natürlichen Maßstab. Es ist der des Eigensinnigen. Für ihn gibt es weder Schicksale des Kapitalismus noch des Sozialismus, für ihn gibt es kein England und kein Amerika, für ihn lebt nichts als das stille, unweigerliche Gesetz in der eigenen Brust, dem zu folgen dem Menschen des bequemen Herkommens so unendlich schwerfällt, das dem Eigensinnigen aber Schicksal und Gottheit bedeutet.

Brief an einen jungen Deutschen
1919

Sie schreiben mir, daß Sie verzweifelt sind und nicht wissen, was tun, nicht wissen, was glauben, nicht wissen, was hoffen. Sie wissen nicht, ob es einen Gott gibt oder keinen. Sie wissen nicht, ob das Leben irgendeinen Sinn hat oder nicht, ob das Vaterland einen Sinn hat oder nicht, ob es besser ist, sich um geistige Güter zu mühen oder einfach sich den Bauch zu füllen, da doch alles so übel aussieht in der Welt.
Ich finde die Verfassung, in der Ihre Seele sich zeigt, durchaus die richtige. Daß Sie nicht wissen, ob es einen Gott gibt, und daß Sie nicht wissen, ob es Gut und Böse gibt, ist viel besser, als wenn Sie das genau wüßten. Vor fünf Jahren, wenn Sie sich erinnern können, wußten Sie vermutlich ziemlich genau, daß es einen Gott gebe, und wußten namentlich ganz genau, was gut und was böse sei, und Sie taten natürlich das, was das Gute schien, und zogen in den Krieg. Und seither haben Sie, fünf Jahre lang, in den besten Jahren Ihrer Jugend, immerzu jenes Gute getan, haben geschossen, gestürmt, sind auf der faulen Haut gelegen, haben Kameraden beerdigt, haben Kameraden verbunden, und so ganz allmählich ist das Gute zweifelhaft geworden, und es war zu Zeiten gar nicht mehr klar, ob dies herrliche Gute, was Sie taten, nicht im Grunde böser oder doch dumm und ein großer Unsinn sei.
Das war es auch. Das Gute, das Sie damals so genau kannten, war offenbar nicht das richtige Gute, nicht das unzerstörbare, zeitlose Gute; und der Gott, um den Sie damals wußten, war offenbar nicht der richtige. Er war vermutlich der Nationalgott unserer Konsistorialräte und Kriegsdichter, jener Gott, der sich ehrwürdig auf Kanonen stützt und dessen Lieblingsfarben Schwarz-Weiß-Rot sind. Es war ein Gott, gewiß, ein mächtiger, ein riesiger Gott, größer als je ein Jehova war, und es wurden ihm Hunderttausende von blutigen Schlachtopfern gebracht, ihm zu Ehren wurden hunderttausend Bäuche aufgerissen und hunderttausend Lungen zerfetzt, er war blutrünstiger und brutaler als je ein Popanz und

Götze, und während der blutigen Opfer sangen die Priester daheim, unsere Theologen, ihm ihre honorierten Loblieder. Der Rest von Religion, den wir in unsern verarmten Seelen und unsern so sehr verarmten und entseelten Kirchen besaßen, ging vollends dahin. Hat schon jemand es bedacht und sich darüber gewundert, wie unsere Theologen in diesen vier Kriegsjahren ihre eigene Religion, ihr eigenes Christentum zu Grab getragen haben? Sie dienten der Liebe und predigten den Haß, sie dienten der Menschheit und verwechselten die Menschheit mit der Behörde, von der sie ihr Gehalt beziehen. Sie haben (nicht alle natürlich, aber ihre Wortführer) mit Schlauheit und mit vielen Worten nachgewiesen, daß Krieg und Christentum sich herrlich vertragen, daß man ein edler Christ sein und doch vortrefflich schießen und stechen kann. Das kann man aber nicht, und wenn unsere Landeskirchen nicht Landeskirchen im Dienst von Thron und Heer gewesen wären, sondern Kirchen Gottes, so hätten wir an ihnen im Kriege das gehabt, was uns so bitter fehlte: eine Zuflucht für die Menschlichkeit, ein Heiligtum für die verwaiste Seele, eine ständige Mahnung zu Mäßigung, Weisheit, Menschenliebe, Gottesdienst.

Verstehen Sie mich, bitte, nicht falsch! Glauben Sie nicht, daß ich irgendeinem Menschen Vorwürfe machen wolle! Ich möchte nur aufzeigen, nicht anklagen. Man ist das bei uns nicht gewohnt, man ist nur an Schreien, Anklagen, Hassen gewöhnt. Die Menschen unserer Zeit, wir Deutsche so wie alle haben die fatale Kunst gelernt, immer die Schuld bei anderen zu suchen, wenn es uns schlecht geht. Dagegen allein trete ich auf, dagegen allein mache ich Vorwürfe. Daß unser Glaube so schwach war, daß unser landesherrlich geschützter Gott so brutal war, daß wir Krieg und Frieden, Gut und Böse so schlecht unterscheiden konnten, darin sind wir alle gleich schuldig, gleich unschuldig. Sie und ich, der Kaiser und der Pfarrer, wir alle haben mitgetan und haben einander nichts vorzuwerfen.

Wenn Sie sich jetzt besinnen, wo ein Trost und ein neuer, besserer Gott und Glaube zu finden sein könnte, so wird Ihnen, in Ihrer heutigen Vereinsamung und Verzweiflung,

ohne weiteres klar, daß die Erleuchtung nicht wieder von außen kommen darf, nicht wieder aus offiziellen Quellen, aus Bibeln, von Kanzeln, von Thronen. Sie darf auch nicht von mir kommen. Sie kann nur in Ihnen selbst zu finden sein. Dort ist sie, dort wohnt der Gott, der höher und zeitloser ist als der Patriotengott von 1914. Die Weisen aller Zeiten haben ihn stets verkündigt, aber er kommt zu uns nicht aus Büchern, er wohnt in uns selbst und muß das Auge in unserem eigenen Innern auftun, sonst ist alles Wissen um ihn wertlos. Er ist auch in Ihnen, dieser Gott. Er ist gerade in Ihnen, gerade in Euch Zerschlagenen, Verzweifelten. Es sind nicht die Geringen, die an der Not der Zeit krank werden. Es sind nicht die Schlechten, die mit den Göttern und Götzen von vorgestern nicht mehr zufrieden sind.
Aber wohin Sie auch noch zu entrinnen suchen werden, es wird Ihnen der Prophet und Lehrer nicht begegnen, der Ihnen die Mühe des Suchens und der Einkehr in sich selber abnimmt. Das ganze deutsche Volk ist heut in Ihrer Lage, wir alle mit. Unsere Welt ist zusammengebrochen, unser Stolz geknickt, unser Geld dahin, unsere Freunde tot. Nun suchen wir, fast alle von uns, nach der alten schlechten Methode weiter, wir suchen den schlechten Kerl, der an dem allem schuld war. Wir nennen ihn Amerika, wir nennen ihn Clemenceau, wir nennen ihn Kaiser Wilhelm oder wie immer sonst, und laufen mit all diesen Anklagen im Kreis herum und kommen an kein Ziel. Es genügt aber, nur eine einzige Stunde lang diese kindliche und wenig intelligente Schuldfrage auszuschalten und statt ihrer die Frage zu setzen: »Wie steht es mit mir selber? Wieweit bin ich mitschuldig? Wo war auch ich zu laut, auch ich zu frech, auch ich zu leichtgläubig, auch ich zu ruhmredig? Wo ist der Punkt in mir, auf den die schlechte Presse, auf den der entartete Glaube an den nationalen Jehova, auf den alle diese so rasch zusammengebrochenen Irrtümer sich stützen konnten?«
Die Stunde, in der man sich so fragt, ist nicht angenehm. Man sieht sich schwach und schlecht, man wird klein, man wird demütig. Aber man wird nicht zerschmettert. Man sieht nämlich: Schuld gibt es nicht. Es gibt weder den bösen Kaiser

noch den bösen Clemenceau, es haben weder die siegenden demokratischen Völker noch die besiegten Barbaren recht. Schuld und Unschuld, Recht und Unrecht sind Vereinfachungen, sind Kinderbegriffe, und unser erster Schritt ins Heiligtum eines neuen Gottes ist der, daß wir dies erkennen. Wir werden dadurch nicht lernen, künftig Kriege zu verhindern, noch wieder reich zu werden. Wir lernen nur eines: die wichtigen Fragen unseres Lebens, alle unsere »Schuldfragen«, alle unsere Gewissensfragen nicht mehr zu einem alten Jehowa, nicht mehr zu einem Feldwebel, nicht mehr zu einer Zeitungsredaktion zu bringen, die sie entscheiden sollen, sondern dies in der eigenen Brust zu tun. Wir müssen uns entschließen, aus Kindern Männer zu werden. Spätere Menschen werden vielleicht den Verlust unserer Flotte, unserer Maschinen, unseres Geldes so deuten, daß einem Kinde all sein hübsches Spielzeug weggenommen wurde und daß das Kind dann, nachdem es genug geweint und genug geschimpft hatte, still und ein Mann wurde. Diesen Weg müssen wir gehen, es gibt keinen andern. Und den ersten Schritt dieses Weges tut jeder von uns einzig bei sich allein, im eigenen Herzen.

Lesen Sie, da Sie Nietzsche lieben, nochmals die letzten Seiten jener unzeitgemäßen Betrachtung nach, die vom Nutzen und Nachteil der Historie handelt! Lesen Sie, Wort für Wort, noch einmal jene Worte über die Jugend, welche das Los trifft, einer zusammenbrechenden Scheinkultur den Hals abzudrehen und neu anzufangen! Wie hart, wie bitter ist das Los einer solchen Jugend, und wie groß ist es, wie heilig! Diese Jugend sind Sie, seid Ihr, Ihr Jungen von heute, im heutigen geschlagenen Deutschland. Auf Euren Schultern liegt diese Last, auf Euren Herzen diese Aufgabe.

Aber bleiben Sie nicht bei Nietzsche stehen und nicht bei irgendeinem Propheten und Ratgeber. Unser Amt ist nicht, Sie zu belehren, Ihnen Mühe zu sparen, Ihnen Wege zu zeigen. Unser Amt ist nur, Sie daran zu erinnern, daß es einen Gott gibt, einen einzigen, und daß dieser Gott in Ihrem Herzen wohnt und Sie ihn dort suchen und dort mit ihm reden müssen.

Aus dem »Alemannischen Bekenntnis«

1919

Ich schreibe es zum Teil meinen Umständen und Herkünften zu, daß ich, bei immer zärtlicher Heimatliebe, nie ein großer Patriot und Nationalist sein konnte. Ich lernte mein Leben lang, und gar in der Kriegszeit, die Grenzen zwischen Deutschland und der Schweiz nicht als etwas Natürliches, Selbstverständliches und Heiliges kennen, sondern als etwas Willkürliches, wodurch ich brüderliche Gebiete getrennt sah. Und schon früh erwuchs mir aus diesem Erlebnis ein Mißtrauen gegen Landesgrenzen, und eine innige, oft leidenschaftliche Liebe zu allen menschlichen Gütern, welche ihrem Wesen nach die Grenzen überfliegen und andere Zusammengehörigkeiten schaffen als politische. Darüber hinaus fand ich mich mit zunehmenden Jahren immer unentrinnbarer getrieben, überall das, was Menschen und Nationen verbindet, viel höher zu werten als das, was sie trennt.

Im kleinen fand und erlebte ich das in meiner natürlichen, alemannischen Heimat. Daß sie von Landesgrenzen durchschnitten war, konnte mir, der ich viele Jahre dicht an solchen Grenzen lebte, nicht verborgen bleiben. Das Vorhandensein dieser Grenzen äußerte sich nirgends und niemals in wesentlichen Verschiedenheiten der Menschen, ihrer Sprache und Sitte, es zeigten sich diesseits und jenseits dieser Grenze weder in der Landschaft noch in der Bodenkultur, weder im Hausbau noch im Familienleben merkliche Unterschiede. Das Wesentliche der Grenze bestand in lauter teils drolligen, teils störenden Dingen, welche alle von unnatürlicher und rein phantastischer Art waren: in Zöllen, Paßämtern und dergleichen Einrichtungen mehr. Diese Dinge zu lieben und heilig zu halten, dagegen aber die Gleichheit von Rasse, Sprache, Leben und Gesittung, die ich zu beiden Seiten der Grenze fand, für nichts zu achten, ist mir nicht möglich gewesen, und so geriet ich, zu meinem schweren Schaden namentlich in der Kriegszeit, immer mehr in das Lager jener Phantasten, denen Heimat mehr bedeutet als Nation, Menschentum und Natur mehr als Grenzen, Uniformen, Zölle,

Kriege und dergleichen. Wie verpönt und wie »unhistorisch gedacht« dies sei, wurde mir von vielen Seiten vielmals unter den wildesten Schmähungen mitgeteilt. Ich konnte es jedoch nicht ändern. Wenn zwei Dörfer miteinander verwandt und ähnlich sind wie Zwillinge, und es kommt ein Krieg, und das eine Dorf schickt seine Männer und Knaben aus, verblutet und verarmt, das andere aber behält Frieden und gedeiht ruhig weiter, so scheint mir das keineswegs richtig und gut, sondern seltsam und haarsträubend. Und wenn ein Mensch seine Heimat verleugnen und die Liebe zu ihr opfern muß, um einem politischen Vaterland besser zu dienen, so erscheint er mir wie ein Soldat, der auf seine Mutter schießt, weil er Gehorsam für heiliger hält als Liebe.

Zarathustras Wiederkehr

1919

Es gab einmal einen deutschen Geist, einen deutschen Mut, eine deutsche Mannhaftigkeit, welche sich nicht nur im Herdenlärm und der Massenbegeisterung äußerte. Der letzte große Geist dieser Art ist Nietzsche gewesen, und er ist, inmitten des damaligen Gründertums und der damaligen Herdengesinnung in Deutschland, zum Anti-Patrioten und Anti-Deutschen geworden. An ihn will mein Ruf erinnern, an seinen Mut, an seine Einsamkeit. Statt des Herdengeschreis, dessen weinerliche jetzige Note um nichts lieblicher ist als während der »großen Zeit« seine großmäulige und brutale es war, will dieser Ruf die Geistigen unter der deutschen Jugend an einige einfache, unerschütterte Tatsachen und Erfahrungen der Seele erinnern. Möge Jeder sich zum Volk und der Allgemeinheit verhalten wie Bedürfnis und Gewissen es ihm eingibt – wenn er darüber sich selbst, seine eigene Seele versäumt, so wird es wertlos sein. Erst wenige im verarmten und besiegten Deutschland haben begonnen, das Weinen und Schimpfen als unfruchtbar zu erkennen und sich tüchtig und mannhaft zu machen für das, was kommen soll. Erst wenige haben eine Ahnung von dem Verfall des deutschen Geistes, in dem wir lang vor dem Kriege schon lebten. Wir müssen nicht hinten beginnen, bei den Regierungsformen und politischen Methoden, sondern wir müssen vorn anfangen, beim Bau der Persönlichkeit, wenn wir wieder Geister und Männer haben wollen, die uns Zukunft verbürgen. Davon spricht meine kleine Schrift. Sie ist anfänglich anonym in der Schweiz erschienen und in dieser Form in mehreren

Auflagen verbreitet worden, weil ich die Jugend nicht durch einen bekannten Namen mißtrauisch machen wollte. Sie sollte unbefangen prüfen, und hat es getan. Dadurch ist mein Beweggrund zur Anonymität hinfällig geworden. (Hermann Hesse zur ersten nicht anonymen Ausgabe)

Als unter den jungen Menschen in der Hauptstadt sich das Gerücht herumflüsterte, Zarathustra sei wieder erschienen und werde da und dort auf Gassen und Plätzen gesehen, machten einige Jünglinge sich auf, ihn zu suchen. Es waren Jünglinge, welche vom Kriege heimgekehrt und in der veränderten und umgestürzten Heimat voll rastloser Besorgnis waren, denn sie sahen wohl, daß große Dinge geschahen, aber der Sinn war dunkel, und vielen schien er ein Unsinn zu sein. Diese jungen Männer hatten alle im Beginn ihrer Jugendzeit in Zarathustra den Propheten und ihren Führer gesehen, sie hatten mit dem Eifer der Jugend gelesen, was über ihn geschrieben steht, und hatten darüber gesprochen und gedacht, auf ihren Wanderungen in Heide und Gebirg, und in nächtlichen Zimmern bei Lampenschein. Und Zarathustra war ihnen heilig gewesen, wie einem jeden diejenige Stimme zum Heiligtume wird, welche ihn zuerst und zustärkst an sein eigenes Ich und an sein eigenes Schicksal gemahnte.

Als diese Jünglinge Zarathustra fanden, da stand er in einer breiten Straße voll dichten Menschengewühls an eine Mauer gedrückt und hörte der Rede zu, welche ein Volksführer von der Höhe eines Wagens herab an die gedrängte Menge hielt. Er hörte zu, lächelte und blickte in die Gesichter der vielen Menschen. Er blickte in diese Gesichter, wie ein alter Einsiedler in die Wellen des Meeres und in die Morgenwolken blickt. Er sah ihre Angst, er sah ihre Ungeduld und ihre ratlose weinerliche Kinderbangigkeit, er sah auch den Mut und den Haß in den Augen der Entschlossenen und Verzweifelten, und er wurde nicht müde, hinzusehen und dabei der Rede des Redners zuzuhören. Woran ihn die Jünglinge erkannten, das war sein Lächeln. Er war weder alt noch jung, er sah nicht wie ein Lehrer noch wie ein Soldat aus, er sah aus wie ein Mensch – der Mensch, als wäre er soeben aus der

Dunkelheit des Werdens gestiegen, der Erste von seiner Art. An seinem Lächeln aber erkannten sie ihn, nachdem sie eine Weile gezweifelt hatten, ob er es sei. Sein Lächeln war hell, doch nicht gütig; es war arglos, doch ohne Gutmütigkeit. Es war das Lächeln eines Kriegers, und noch mehr das Lächeln eines Alten, der viel gesehen hat und der vom Weinen nichts mehr hält. Daran erkannten sie ihn.
Als die Rede zu Ende war und das Volk unter Brüllen auseinanderzulaufen anfing, näherten sich die Jünglinge Zarathustra und begrüßten ihn mit Ehrfurcht.
»Du bist da, Meister«, sagten sie mit Stammeln, »endlich bist du wiedergekommen, da die Not am größten ist. Sei uns willkommen, Zarathustra! Du wirst uns sagen, was wir tun sollen, du wirst uns vorangehen. Du wirst uns aus dieser größten aller Gefahren erretten.«
Lächelnd lud er sie ein, ihn zu begleiten, und sagte im Weitergehen zu den Lauschenden: »Ich bin sehr guter Laune, meine Freunde. Ja, ich bin wiedergekommen, vielleicht für einen Tag, vielleicht für eine Stunde, und ich sehe zu, wie ihr Theater spielt. Stets ist es mir ein Vergnügen gewesen dabeizustehen und zuzuschauen, wenn Theater gespielt wird. Bei nichts anderem sind die Menschen so ehrlich.«
Die Jünglinge hörten und sahen einander an; es war nach ihrer Meinung zu viel Spott, zu viel Heiterkeit, zu viel Unbekümmertheit in Zarathustras Worten. Wie konnte er von Theater sprechen, wo sein Volk im Elend lag? Wie konnte er lächeln und Vergnügen haben, wo sein Vaterland besiegt und in Zerrüttung war? Wie konnte ihm dies alles, das Volk und der Volksredner, die ernste Stunde, die Feierlichkeit und Ehrfurcht ihrer selbst, der Jünglinge – wie konnte ihm dies alles bloße Augen- und Ohrenweide sein, bloßer Gegenstand der Beobachtung und des Lächelns? War es jetzt nicht Zeit, blutig zu weinen, Weh zu schreien und seine Kleider zu zerreißen? Und, vor allem, war es jetzt nicht Zeit, höchste Zeit, zu handeln? Taten zu tun? Ein Beispiel zu geben? Land und Volk vom sichern Untergang zu retten?
»Ich sehe«, sagte Zarathustra, der ihre Gedanken fühlte, noch ehe sie über ihre Lippen gekommen waren, »daß ihr

mit mir nicht zufrieden seid, junge Freunde. Ich habe es erwartet, und dennoch setzt es mich nun in Erstaunen. Wenn man etwas von dieser Art erwartet, da ist neben der Erwartung immer auch das Gegenteil vorhanden; etwas in uns erwartet, und etwas andres in uns hofft das Gegenteil. So geht es mir nun mit euch, ihr Freunde. – Aber saget, wolltet ihr nicht mit Zarathustra reden?«
»Ja, das wollen wir«, riefen sie alle begierig.
Da lächelte Zarathustra und fuhr fort: »Nun denn, meine Lieben, so redet mit Zarathustra, höret Zarathustra! Der vor euch steht, ist nicht ein Volksredner, noch ein Soldat, kein König, noch Heerführer, es ist Zarathustra, der alte Einsiedler und Spaßmacher, der Erfinder des letzten Lachens, der Erfinder so vieler letzter Traurigkeiten. Von mir, ihr Freunde, könnet ihr nicht lernen, wie man Völker regiert und Niederlagen wieder gutmacht. Ich weiß euch nicht zu lehren, wie man Herden befehligt und wie man Hungernde beschwichtigt. Das sind nicht Zarathustras Künste. Das sind nicht Zarathustras Sorgen.«
Die Jünglinge schwiegen, und Enttäuschung zog ihre Gesichter lang. Sie gingen neben dem Propheten einher, betreten und unwillig, und fanden lange Zeit keine Worte, ihm zu erwidern. Endlich sagte einer von ihnen, der Jüngste, und indem er sprach, begann sein Blick zu sprühen, und Zarathustras Auge ruhte auf ihm mit Wohlgefallen.
»Nun denn«, so hob der Jüngste unter den Jünglingen an, »so sage uns also, was du zu sagen hast. Denn wenn du nur gekommen bist, um dich über uns und die Not dieses Volkes lustig zu machen, so wissen wir Besseres zu tun, als mit dir spazieren zu gehen und deine vortrefflichen Witze anzuhören. Sieh uns an, Zarathustra, wir alle, so jung wir sind, haben Kriegsdienste getan und dem Tod ins Gesicht gesehen, und wir sind nicht mehr gesonnen, uns mit Spielereien und hübschem Zeitvertreib abzugeben. Wir haben dich verehrt, o Meister, und haben dich lieb gehabt, aber größer als die Liebe zu dir ist in uns die Liebe zu uns selbst und zu unserem Volke. Das sollst du wissen.«
Zarathustras Gesicht erhellte sich, da er den Jungen so reden

hörte, und er blickte ihm mit Güte, ja mit Zärtlichkeit in die zornigen Augen.

»Mein Freund«, sagte er mit seinem besten Lächeln, »wie recht hast du, daß du den alten Zarathustra nicht unbesehen hinnimmst, daß du ihm auf den Zahn fühlst und ihn dort kitzelst, wo du ihn für verwundbar hältst! Wie sehr recht hast du, Lieber, mit deinem Mißtrauen! Und weißt du auch, daß du da eben ein sehr gutes Wort gesagt hast, eines von denen, die Zarathustra gerne hört? Sagtest du nicht: ›Wir lieben uns selber mehr als wir Zarathustra lieben?‹ Wie liebe ich solche Aufrichtigkeiten! Damit hast du mich geködert, mich alten Fisch, den schlüpfrigen, bald werde ich an deiner Angel hängen!«

Von einer entfernten Straße her hörte man in diesem Augenblicke Schüsse, großes Geschrei und Kampflärm hallen; sonderbar und töricht klang es durch den stillen Abend. Und wie Zarathustra sah, daß die Blicke und Gedanken seiner jungen Begleiter dort hinüberliefen wie junge Hasen, da änderte er den Ton seiner Stimme. Sie klang plötzlich wie aus einer großen Fremde her – und klang genau so, wie sie einst, beim ersten Kennenlernen, den Jünglingen getönt hatte –, wie eine Stimme, die nicht von Menschen kommt, sondern von Sternen oder Göttern her, oder, noch mehr, wie eine Stimme, die jeder heimlich in der eigenen Brust vernimmt, zu Stunden, wo Gott in ihm ist.

Die Freunde horchten auf, und sie kehrten mit allen Gedanken und Sinnen zu Zarathustra zurück, denn nun erkannten sie die Stimme wieder, die einst, wie aus heiligen Gebirgen her, in ihre erste Jugend getönt und der Stimme eines unbekannten Gottes geglichen hatte.

»Höret mich, Kinder«, sagte er ernst und wandte sich besonders zu dem Jüngsten. »Wenn ihr einen Glockenton hören wollet, so müsset ihr nicht an ein Blech schlagen. Und wenn ihr die Flöte blasen wollet, so dürfet ihr den Mund nicht an einen Weinschlauch legen. Verstehet ihr mich, o Freunde? Und besinnet euch, ihr Guten, besinnet euch wohl: Was war es doch, das ihr einst, in jenen trunkenen Stunden, von eurem Zarathustra gelernt habt? Was war es doch? War es etwa Weisheit für den Kaufladen, oder für die Gasse, oder für das Schlachtfeld? Gab ich euch Ratschläge für Könige, habe ich königlich, oder bürgerlich, oder politisch, oder händlerisch zu euch gesprochen? Nein, ihr erinnert euch, ich sprach Zarathustrisch, ich sprach meine Sprache, ich tat mich vor euch auf wie ein Spiegel, damit ihr in ihm euch selbst zu sehen bekämet. Habet ihr je von mir ›etwas gelernt‹? Bin ich je ein Sprachlehrer oder ein Sachlehrer gewesen? Sehet, Zarathustra ist kein Lehrer, man kann ihn nicht fragen und von ihm lernen und ihm gute kleine und große Rezepte für nötige Fälle nachschreiben. Zarathustra ist der Mensch, er ist Ich und Du. Zarathustra ist der Mensch, nach dem ihr in euch selber auf der Suche seid, der Aufrichtige, der Unverführte – wie sollte er an euch zum Verführer werden wollen? Vieles hat Zarathustra gesehen, vieles hat er gelitten, an vielen Nüssen hat er geknackt und ist von vielen Schlangen gebissen worden. Aber nur eines hat er gelernt, nur eines ist seine Weisheit, nur eines ist sein Stolz. Er hat gelernt, Zarathustra zu sein. Das ist es, was auch ihr von ihm lernen wollet, und wozu doch so oft euch der Mut gebricht. Ihr sollet lernen, ihr selbst zu sein, so wie ich Zarathustra zu sein gelernt habe. Ihr sollet verlernen, andere zu sein, gar nichts zu sein, fremde Stimmen nachzuahmen und fremde Gesichter für die euern zu halten. – Und darum, ihr Freunde, wenn Zarathustra zu euch spricht, so suchet in seinen Worten keine Weisheit, keine Künste, keine Rezepte und Rattenfängerkniffe, sondern sucht ihn selbst! Vom Stein könnet ihr lernen, was Härte ist, und vom Vogel, was Singen ist. Von mir aber könnet ihr lernen, was Mensch und Schicksal ist.«

Sie waren unter ihren Reden bis zum Rande der Stadt gekommen und gingen da unter Bäumen, die im Abend rauschten, noch lange miteinander. Vieles fragten sie ihn, oft lachten sie mit ihm, oft verzweifelten sie an ihm. Einer von ihnen aber hat das, wovon Zarathustra an jenem Abend zu ihnen sprach, oder einiges davon, für seine Freunde aufgeschrieben und bewahrt.

Was er in der Erinnerung an Zarathustra und seine Worte aufgeschrieben hat, ist aber dieses:

Vom Schicksal

So sprach zu uns Zarathustra:
Eines ist dem Menschen gegeben, das ihn zum Gotte macht, das ihn erinnert, daß er Gott ist: Das Schicksal zu erkennen.
Darin bin ich Zarathustra, daß ich Zarathustras Schicksal erkannt habe. Darin, daß ich sein Leben gelebt habe. Wenige erkennen ihr Schicksal. Wenige leben ihr Leben. Lernet euer Leben zu leben! Lernet euer Schicksal erkennen!
Ihr klaget so sehr über das Schicksal eures Volkes. Schicksal aber, über das man klagt, ist noch nicht das unsre, ist ein uns Fremdes und Feindliches, ist ein fremder Gott und böser Götze, der uns aus dem Dunkel mit Schicksal bewirft wie mit vergifteten Pfeilen.
Lernet, daß Schicksal nicht von Götzen kommt, so werdet ihr auch endlich lernen, daß es keine Götzen und Götter gibt! Wie im Leibe eines Weibes das Kind, so wächst Schicksal in eines jeden Menschen Leib, oder wenn ihr wollt, könnt ihr auch sagen: in seinem Geist oder in seiner Seele. Es ist dasselbe.
Und wie das Weib eins ist mit seinem Kinde und sein Kind liebt und nichts Besseres in der Welt kennt als sein Kind – so sollet ihr euer Schicksal lieben lernen und nichts Besseres auf der Welt kennen als euer Schicksal. Es soll euer Gott sein, denn ihr selbst sollet eure Götter sein.
Wem Schicksal von außen kommt, den erlegt es, wie der Pfeil das Wild erlegt. Wem Schicksal von innen und aus seinem Eigensten kommt, den stärkt es und macht ihn zum Gott. Es machte Zarathustra zu Zarathustra – es soll dich zu dir machen!
Wer das Schicksal erkannt hat, der will niemals Schicksal ändern. Schicksal ändern wollen, das ist so recht ein Kinderbemühen, wobei man einander in die Haare gerät und einander totschlägt. Schicksal ändern wollen, das war das Tun und Bemühen eurer Kaiser und Feldherren, es war euer eigenes Bemühen. Nun ihr das Schicksal nicht habt ändern können, schmeckt es bitter, und ihr meint, es sei Gift. Hättet ihr es nicht ändern wollen, hättet ihr es zu eurem Kind und Herzen, hättet ihr es ganz und gar zu euch selbst gemacht – wie

süß würde es alsdann schmecken! Erlittenes, fremd gebliebenes Schicksal ist jeder Schmerz, ist jedes Gift, ist jeder Tod. Jede Tat aber und jedes Gute und Frohe und Zeugende auf Erden ist erlebtes Schicksal, ist zu Ich gewordenes Schicksal.

Ihr seid vor eurem langen Kriege zu reich gewesen, o Freunde, ihr seid zu reich und dick und vollgegessen gewesen, ihr und eure Väter, und als ihr Schmerzen im Bauche verspürtet, wäre es Zeit für euch gewesen, in diesen Schmerzen das Schicksal zu erkennen und seine gute Stimme zu hören. Ihr aber, ihr Kinder, seid über die Bauchschmerzen böse geworden und habet euch erklügelt, es sei Hunger und Mangel, welcher diese Schmerzen in eurem Bauche mache. Und da habt ihr losgeschlagen, um zu erobern, um mehr Raum auf Erden, um mehr Speise in euren Bauch zu haben. Und jetzt, wo ihr heimgekehrt seid und nicht erreicht habt, was ihr wolltet, jetzt wehklagt ihr wieder, fühlet wieder allerlei Weh und Schmerzen, und wieder suchet ihr nach dem bösen, bösen Feinde, der die Schmerzen geschickt hat, und seid bereit, auf ihn zu schießen, sei er auch euer Bruder.

Liebe Freunde, wäre es nicht gut, ihr besännet euch? Wäre es nicht gut, ihr würdet, wenigstens diesmal, eure Schmerzen mit mehr Ehrfurcht behandeln, mit mehr Neugierde, mit mehr Männlichkeit, mit weniger Kleinkinderangst und Kleinkindergeschrei? Könnte es nicht sein, daß die bittern Schmerzen Stimme des Schicksals sind, und daß sie süß werden, wenn ihr die Stimme verstehet? Könnte es nicht so sein?

Auch höre ich euch, Freunde, immerzu so laut über böse Schmerzen und böse Schicksale klagen, die euer Volk und euer Land betroffen haben. Verzeihet, junge Freunde, wenn ich auch gegen diese Schmerzen ein wenig mißtrauisch, ein wenig langsam und unwillig im Glauben bin! Du und du, und du dort, ihr alle, leidet ihr denn nur Schmerzen um euer Volk? Leidet ihr nur um euer Vaterland? Wo ist denn dies Vaterland, wo ist sein Haupt, wo sein Herz, wo wollt ihr die Kur und Pflege an ihm beginnen? Wie? Gestern war es noch der Kaiser, und war es das Weltreich, um das ihr bangtet, auf das ihr stolz waret, das ihr heilig hieltet. Wo ist das alles heute hin? Es war nicht der Kaiser, von dem die Schmerzen kamen – wären sie sonst noch da und wären so bitter, da doch kein Kaiser mehr da ist? Es war nicht das Heer und nicht die Flotte, und nicht die und die Provinzen und Beutestücke, das sehet ihr jetzt. – Aber warum sprechet ihr, wenn ihr Schmerzen habet, auch heute noch immer gleich vom Vaterland, und vom Volk, und von irgend solchen großen, ehrwürdigen Dingen, von denen gut reden ist, und welche oft so unvermutet sich auflösen und nicht mehr da sind? Wer ist das Volk? Ist es der Redner, oder die ihm zuhören, sind es die, die ihm zustimmen, oder die, die nach ihm ausspeien und die Stöcke schwingen? Höret ihr das Schießen drüben? Wo ist das Volk, euer Volk – auf welcher Seite? Schießt es, oder wird es beschossen? Greift es an, oder wird es angegriffen?

Sehet, es ist schwierig, einander zu verstehen, und gar sich selbst zu verstehen, wenn man immer so große Worte braucht. Wenn ihr nun, du und du dort, Schmerzen fühlet, wenn euch nicht wohl im Leibe oder in der Seele ist, wenn ihr Angst empfindet, Gefahr ahnet – warum wollet ihr nicht, und sei es nur zum Spaß und aus Neugierde, aus guter gesunder Neugierde, einmal den Versuch machen, die Frage anders zu stellen? Warum wollet ihr nicht einmal suchen, ob der Schmerz nicht in euch selber sitzt? Es gab eine gewisse Zeit, da waret ihr alle eine kleine Weile überzeugt und eurer Sache sicher, daß der Russe euer Feind und der Ausgang alles Bösen sei. Und gleich darauf war es der Franzose, und dann der Engländer, und dann andere, und immer waret ihr überzeugt und sicher, und immer war es eine traurige Komödie und endete mit Elend. Da ihr nun gesehen habet, daß die Schmerzen in uns drinnen nicht damit zu heilen sind, daß wir sie einem Feinde in die Schuhe schieben – warum suchet ihr nicht auch jetzt eure Schmerzen dort auf, wo sie sind: In euch innen? Vielleicht ist es nicht das Volk, das dir wehtut, und nicht das Vaterland, und nicht die Weltmacht, und auch nicht die Demokratie – vielleicht ist es einfach du selbst, dein Magen oder deine Leber, eine Geschwulst oder ein Krebs in dir – und es ist nichts als Kleinkinderfurcht vor der Wahrheit und vor dem Arzte, wenn du dich stellst, als seiest zwar du selbst ganz und gar gesund, aber leider bedrücke dich ein Leiden deines Volkes so sehr? Ist das nicht möglich? Seid ihr nach dieser Seite hin gar nicht neugierig? Wäre es nicht für jeden von euch im Grunde eine gute lustige Übung, seinem Leide einmal nachzugehen und zu suchen, wo es sitzt und wen es angeht?

Es könnte sein, es stellte sich dann heraus, daß ein Drittel und eine Hälfte, und weit mehr als die Hälfte deines Schmerzes wirklich und wahrlich dein eigener, eigenster Schmerz ist, und daß du gut tätest, kalte Bäder zu nehmen oder weniger Wein zu trinken, oder sonst eine Kur an dir vorzunehmen, statt am Vaterlande herumzudrücken und herumzukurieren. Es könnte sein, meine ich – und wäre es nicht sehr gut, wenn es so wäre? Wäre da nicht zu helfen? Wäre da nicht Zukunft? Wäre da nicht Aussicht, Schmerz in Wohltat zu verwandeln, und Gift in Schicksal?

Aber ihr findet das selbstsüchtig und kleinlich, das Vaterland liegenzulassen und sich selber zu kurieren. Nun, vielleicht habet ihr auch darin nicht so ganz und völlig recht, wie es euch erscheinen will, ihr Freunde! Glaubet ihr nicht, daß am Ende ein Vaterland gesunder ist und besser gedeiht, in das nicht ein jeder Kranke seine eigenen Gebrechen hineindeutet, an dem nicht jeder Leidende herumkuriert?

Ach, ihr jungen Freunde, ihr habet so viel gelernt in eurem jungen Leben! Ihr seid Krieger gewesen, ihr habet hundertmal dem Tod ins Gesicht gesehen. Ihr seid Helden. Ihr seid Säulen des Vaterlandes. Ich bitte euch nur: begnügt euch nicht damit! Lernet noch mehr! Strebet noch weiter! Und denket zu Zeiten daran, welch eine hübsche Sache die Ehrlichkeit ist!

Vom Leiden und vom Tun

»Was sollen wir tun?« so fraget ihr mich und fraget euch selbst immer wieder, und das »Tun« gilt euch viel, gilt euch alles. Das ist gut meine Freunde, oder – es wäre gut, wenn ihr das Tun von Grund aus verstündet!

Aber sehet, schon diese Frage: »Was sollen wir tun?«, schon diese bange Kinderfrage zeigt mir, wie wenig ihr vom Tun wisset!

Was ihr »Tun« heißet, ihr Jünglinge, das würde ich, der alte Einsiedler vom Berge, ganz anders nennen. Ich würde manche hübsche, manche drollige und artige Namen dafür erfinden, für dieses »Tun«. Ich würde es nicht allzulange zwischen den Fingern zu drehen brauchen, euer »Tun«, um es hübsch und spaßhaft in sein Gegenteil zu verwandeln. Denn es ist das Gegenteil! Eurer »Tun« ist das Gegenteil von dem, was ich Tun heiße.

Die Tat, o Freunde – höret nur schon das bloße Wort, höret es gut, waschet eure Ohren damit aus! Die Tat – die ward noch niemals getan von einem, der zuvor gefragt hat: »Was soll ich tun?« Die Tat ist das Licht, das aus einer guten Sonne springt. Ist die Sonne nicht eine gute, eine richtige, eine zehnmal bewährte Sonne, ist sie gar eine solche Sonne, welche sich mit Bangigkeit fragt, was sie tun soll, so wird sie niemals Licht von sich geben! Tat ist nicht Tun, Tat ist nicht zu ersinnen und zu erklügeln. Wohl, ich werde euch sagen, was Tat ist. Aber zuvor, meine Freunde, erlaubet mir euch zu sagen, was euer »Tun« mir zu sein scheint. Wir werden uns alsdann besser verstehen.

Euer »Tun«, das ihr tun wollt, das aus Suchen und Zweifeln und Zickzackwegen ans Licht kommen soll – dieses Tun, liebe Freunde, ist das Gegenstück und der Urfeind der Tat. Euer Tun nämlich ist, wenn ihr mir das böse Wort vergönnen wollet, Feigheit! Ich sehe euch böse werden, ich sehe um eure Augen schon den Zug, den ich so gerne sehe – aber wartet noch, höret mich erst zu Ende!

Ihr seid Soldaten, ihr Jünglinge, und ehe ihr Soldaten waret, seid ihr Kaufleute oder Fabrikanten oder dergleichen gewesen, oder waren es eure Väter, und sie und ihr habet, von irgendeiner schlechten Schulstube her, an gewisse Gegensätze geglaubt, von welchen die Sage ging, sie stammten von Ewigkeit her und seien von den Göttern erschaffen. Sie selbst waren eure Götter, diese Gegensätze, wie ihr ja auch den Gegensatz: Mensch–Gott hingenommen und daraus gefolgert habt, daß, was ein Mensch sei, kein Gott sein könne, und umgekehrt. Diesen alten schlechten Glauben an die heiligen Gegensätze kann euch nun Zarathustra nicht schlichter und einfacher in seiner tiefen Zweifelhaftigkeit und argen Anrüchigkeit aufdecken, als wenn er euch mit offenen Augen vor den von euch geglaubten Gegensatz: Tun–Leiden hinstellt.

Also öffnet die Augen, Freunde, und sehet euch das Tun und das Leiden an, wie ein alter Einsiedler es euch zeigen will!

Tun und Leiden, welche zusammen unser Leben ausmachen, sind ein Ganzes, sind Eines. Das Kind leidet, daß es erzeugt wird, es leidet seine Geburt, es leidet seine Entwöhnung, es leidet hier und leidet dort, bis es zuletzt den Tod erleidet. Alles Gute aber, was an ihm ist und wofür es gelobt oder geliebt wird, ist nur das gute Leiden, das richtige, volle, lebendige Leiden. Gut zu leiden wissen, ist mehr als halb gelebt. Gut zu leiden wissen, ist ganz gelebt! Geborenwerden ist Leiden, Wachstum ist Leiden, Same leidet Erde, Wurzel leidet Regen, Knospe leidet Sprengung.

So, meine Freunde, leidet der Mensch Schicksal. Schicksal ist Erde, ist Regen, ist Wachstum. Schicksal tut weh.

Ihr aber nennet »Tun« das Davonlaufen vor dem Wehtun, das Nichtgeborenwerdenwollen, die Flucht vor dem Leiden! »Tun« nanntet ihr es, oder nannten es eure Väter, wenn ihr Tag und Nacht in Läden und Werkstätten rumortet, wenn ihr recht viele Hämmer hämmern hörtet, wenn ihr recht viel Ruß in die Luft blieset. Verstehet mich wohl, ich habe nicht die mindeste Feindschaft gegen eure Hämmer und gegen euren Ruß, oder gegen die eurer Väter. Aber es macht mich lächeln, daß ihr diese Betriebsamkeit »Tun« nennen konntet! Sie war kein Tun, sie war nichts als Flucht vor dem Leiden. Es war peinlich, allein zu sein – darum gründete man Gesellschaften. Es war peinlich, allerlei Stimmen im eigenen Innern zu vernehmen, welche von euch verlangten, ihr solltet euer eigenes Leben leben, euer eigenes Schicksal suchen, euren eigenen Tod sterben – es war peinlich, darum liefet ihr weg und machtet Lärm mit Maschinen und Hämmern, bis die Stimmen ferner klangen und stille wurden. So taten eure Väter, so taten eure Lehrer, so tatet ihr selber. Es wurde Leiden von euch verlangt – und ihr waret entrüstet, ihr wolltet nicht leiden, ihr wolltet nur tun! Und was tatet ihr? Erst opfertet ihr dem Gotte des Lärms und der Betäubung in euren seltsamen Geschäften, hattet alle Hände voll zu tun, hattet niemals Zeit zu leiden, zu hören, zu atmen, Lebensmilch zu saugen, Himmelslicht zu trinken. Nein, ihr mußtet ja immer tun, immer tun. Und als das Tun nichts half, und als das Schicksal in eurem Innern statt süß und reif immer fauler und giftiger wurde, da vergrößertet ihr auch euer Tun, da schufet ihr euch Feinde, erst in der Einbildung, dann in der Wirklichkeit, da ginget ihr in den Krieg, da wurdet ihr Krieger und Helden! Ihr habet erobert, ihr habet das Unsinnigste ertragen, ihr habet das Riesigste gewagt. Und jetzt? Ist es jetzt gut? Ist es jetzt still und froh im Herzen? Schmeckt jetzt das Schicksal süß? O nein, es schmeckt bitterer als jemals, und darum eilet ihr zu neuen Taten, laufet auf die Gassen, stürmet und schreiet, wählet Räte und ladet wieder die Gewehre. Und dies alles, weil ihr ewig auf der Flucht vor dem Leiden seid! Auf der Flucht vor euch selbst, vor eurer Seele!

Ich höre, was ihr mir erwidert. Ihr fragt mich, ob das nicht Leiden gewesen sei, was ihr ertragen habet? Ob das nicht Leiden gewesen sei, als eure Brüder euch in den Armen starben, als eure Glieder in der Erde froren oder unter den Messern von Ärzten zuckten? Ja, dies alles war Leiden – es war selbstgewolltes, ertrotztes, ungeduldiges Leiden, es war Ändernwollen des Schicksals. Es war heldenhaft – soweit der eben ein Held sein kann, der noch vor dem Schicksal flieht, der es noch ändern will.

Leidenlernen ist schwer. Ihr findet es häufiger und schöner bei Frauen als bei Männern. Lernet von ihnen! Lernet zuhören, wenn die Stimme des Lebens spricht! Lernet zusehen, wenn die Sonne des Schicksals mit euren Schatten spielt! Lernet Ehrfurcht vor dem Leben! Lernet Ehrfurcht vor euch selber!

Aus Leiden kommt Kraft, aus Leiden kommt Gesundheit. Es sind immer die »gesunden« Menschen, welche plötzlich umfallen und an einem Luftzug sterben. Es sind die, welche nicht leiden gelernt haben, Leiden macht zäh, Leiden stählt. Es sind Kinder, welche vor jedem Leiden die Flucht ergreifen! Wahrlich, ich liebe die Kinder, aber wie könnte ich die lieben, welche ihr Leben lang Kinder bleiben wollen? So aber seid ihr alle, die ihr vor dem Leiden in das Tun fliehet, aus alter trauriger Kinderangst vor dem Schmerz und vor der Dunkelheit.

Und sehet doch, was ihr mit eurem vielen Tun und eurem vielen Fleiß und euren rußigen Gewerben erreicht habet! Was ist denn noch davon da? Das Geld ist dahin und mit ihm der ganze Glanz eures feigen Fleißes. Oder wo ist die Tat, die ihr mit all eurem Tun erzeugt hättet? Wo ist der große Mensch, der Strahlende, der Täter, der Held? Wo ist euer Kaiser? Wer ist sein Nachfolger? Wer soll es werden? Und wo ist eure Kunst? Wo habt ihr die Werke, die eure Zeit rechtfertigen? Wo die großen, freudigen Gedanken? Ach, ihr habt viel zu wenig, viel zu schlecht gelitten, um Gutes und Strahlendes zeugen zu können!

Denn die Tat, die gute und strahlende Tat, meine Freunde, die kommt nicht aus dem Tun, nicht aus der Betriebsamkeit, nicht aus dem Fleiß und Gehämmer. Sie wächst einsam auf Bergen, sie wächst auf Gipfeln, wo Stille und Gefahr ist. Sie wächst aus Leiden, die ihr erst noch müsset leiden lernen.

Von der Einsamkeit

Ihr fraget mich, Jünglinge, nach der Schule des Leidens, nach der Schmiede des Schicksals. Kennet ihr sie nicht? Nein, ihr, die ihr stets vom Volke redet und mit der Masse zu tun habt, und nur mit ihr und für sie leiden wollet, ihr kennet sie nicht. Ich spreche euch von der Einsamkeit.

Einsamkeit ist der Weg, auf dem das Schicksal den Menschen zu sich selber führen will. Einsamkeit ist der Weg, den der Mensch am meisten fürchtet. Dort sind alle Schrecknisse, dort liegen alle Schlangen und alle Kröten verborgen. Dort lauert das Furchtbare. Geht nicht von allen Einsamen, von allen Pfadfindern in der Wüste der Einsamkeit die Sage, sie seien auf Abwege geraten, sie seien böse oder sie seien krank? Erzählt man alle großen Heldentaten nicht so, als wären sie von Verbrechern getan – weil es gut ist, sich selbst vor dem Wege zu solchen Taten zu bewahren?

Erzählt man nicht auch von Zarathustra, er sei im Wahnsinn zugrunde gegangen – und im Grunde sei alles, was er getan und gesagt, ja auch schon Wahnsinn gewesen? Und habt ihr, wenn ihr so sprechen hörtet, nicht etwas in euch gefühlt wie ein Erröten? Als wäre es edler und eurer würdiger, zu jenen Wahnsinnigen zu gehören, und als schämtet ihr euch, daß ihr nicht den Mut dazu hattet?
Von der Einsamkeit möchte ich euch Lieder singen, ihr Lieben. Ohne Einsamkeit ist kein Leiden, ohne Einsamkeit ist kein Heldentum. Doch ich meine nicht jene Einsamkeit der hübschen Dichter und der Theater, wo die Quelle an der Felshöhle des Einsiedlers so lieblich rauscht!
Vom Kind zum Manne ist nur ein einziger Schritt, ein einziger Schnitt. Einsamwerden, Duselbstwerden, Loskommen von Mutter und Vater, so heißt der Schritt vom Kind zum Manne, und niemand tut ihn ganz. Jeder nimmt, und auch der heiligste Einsiedler und Brummbär im kahlsten Gebirge nimmt einen Faden mit, zieht einen Faden nach, mit dem er an Vater und Mutter und alle liebe, warme Verwandtschaft und Zugehörigkeit geknüpft ist. Wenn ihr, o Freunde, so warm vom Volk und Vaterlande redet, so sehe ich den Faden an euch hängen, und ich lächle. Wenn eure großen Männer von ihren »Aufgaben« und von ihrer Verantwortung reden, da hängt ihnen der Faden lang zum Munde heraus. Nie reden eure großen Männer, eure Führer und Sprecher, von Aufgaben gegen sich selbst, nie reden sie von der Verantwortung vor ihrem Schicksal! Sie hängen am Faden, der zur Mutter zurückführt und in alles Warme und Wohlige, woran die Dichter erinnern, wenn sie gefühlvoll von der Kindheit und ihren reinen Freuden singen. Niemand zerreißt diesen Faden ganz und gar, es sei denn im Tode, wenn es ihm glückt, seinen eigenen Tod zu sterben.
Die meisten Menschen, alle jene von der Herde, haben nie die Einsamkeit geschmeckt. Sie trennten sich einmal von Vater und Mutter, aber nur, um zu einem Weibe zu kriechen und schnell in einer neuen Wärme und Zusammengehörigkeit unterzugehen. Niemals sind sie allein, niemals reden sie mit sich selbst. Den Einsamen aber, wenn er ihnen über den

Weg läuft, fürchten und hassen sie wie die Pest, werfen mit Steinen nach ihm und finden keine Ruhe, ehe sie weit von ihm sind. Ihn umgibt eine Luft, die nach Sternen und nach der Kälte der Sternenräume riecht, ach, ihm fehlt all der holde, warme Duft von Heimat und Brutstätte.

Zarathustra hat etwas von diesem Sternengeruch und dieser bösen Kälte an sich. Zarathustra ist jenen Weg der Einsamkeit ein gutes Stück weit gegangen. Er ist in der Schule des Leidens gesessen. Er hat die Schmiede des Schicksals gesehen und ist in ihr geschmiedet worden.

Ach Freunde, ich weiß nicht, ob ich euch mehr von der Einsamkeit sagen soll. Gerne möchte ich euch verführen, jenen Weg zu gehen, gerne sänge ich euch ein Lied von den eisigen Wonnen des Weltraums. Aber ich weiß, daß wenige diesen Weg ohne Schaden gehen. Es lebt sich schlecht ohne Mutter, ihr Lieben, es lebt sich schlecht ohne Heimat, und ohne Vaterland, und ohne Volk, und ohne Ruhm, und ohne all die Süßigkeiten der Gemeinschaft. Es lebt sich schlecht in der Kälte, und die meisten, die den Weg begannen, sind zugrunde gegangen. Man muß gleichgültig sein gegen das Zugrundegehen, wenn man die Einsamkeit kosten und seinem eigenen Schicksal Rede stehen will. Leichter ist es und süßer, mit einem Volk und mit vielen zu gehen, auch wenn es durchs Elend geht. Leichter ist es und tröstlicher, sich den »Aufgaben« zu widmen, die der Tag und das Volk zu vergeben hat. Seht doch, wie wohl es den Menschen in ihren vollen Straßen ist! Es wird geschossen, und das Leben steht auf dem Spiel, aber jeder mag doch weit lieber bei der Masse sein und in ihr untergehen, als allein draußen in der dunkeln Nacht und Kälte gehen.

Aber wie könnte ich euch verführen, ihr Jünglinge! Einsamkeit wird nicht erwählt, so wie Schicksal nicht gewählt wird. Einsamkeit kommt über uns, wenn wir den Zauberstein in uns haben, der das Schicksal anzieht. Viele, allzu viele sind in die Wüste gegangen und haben bei der hübschen Quelle und in der hübschen Einsiedelei das Leben von Herdenmenschen geführt. Andere aber stehen dicht im Gedränge der Tausende, und um ihre Stirnen ist Sternenluft.

Aber wohl dem, der seine Einsamkeit gefunden hat, nicht eine gemalte und gedichtete, sondern die seine, die einmalige, die ihm bestimmte. Wohl ihm, der zu leiden weiß! Wohl ihm, der den Zauberstein im Herzen trägt! Zu ihm kommt Schicksal, von ihm kommt Tat.

Spartakus

Ihr wollet meine Meinung über jene wissen, die sich nach dem Spartakus nennen lassen.
Von allen denen, welche in eurem Vaterlande nun so heftig das Gute wollen und die Zukunft herbeizuführen trachten, machen diese aufständischen Sklaven mir noch immer am meisten Vergnügen. Wie sind sie entschlossen, diese Leute, wie kurz und gerade wählen sie ihren Weg, wie verstehen sie geradeaus zu gehen! Wahrlich, hätten eure Bürger zu ihren andern Talenten einen kleinen, einen kleinsten Teil dieser Kraft, so wäre euer Vaterland gerettet.
Es wird indessen nicht von diesen Spartakiaten vernichtet werden. Ist es nicht seltsam, ist es nicht Schicksal, daß diese Leute diesen Namen führen? Sie, die Ungelehrten, die Männer mit der rauhen Arbeitsfaust, sie, die Verächter der Lateiner und Gebildeten, haben sich von einem ihrer Vortänzer einen Namen aufmalen lassen, der nach Historie und Gelehrsamkeit geradezu gen Himmel stinkt! Und sollte der Name, den sie sich so weither und aus so fernen Zeiten herangefischt haben, nicht auch Schicksal bedeuten?
Denn das eine ist gut an diesem neuen Namen, diesem so alten Namen, daß er den Wissenden an eine Zeitwende und Untergangsreife gemahnt. Wie jene alte Welt unterging, so muß unsre jetzige Welt untergehen, das will der Name sagen, und er hat recht. Sie muß untergehen, mit allem Schönen und allem Geliebten, das uns an sie band. Aber wie, war es denn Spartakus, der einst die damalige alte Welt vernichtet hat? War es nicht jener Jesus von Nazareth, waren es nicht die Barbaren, war es nicht die blonde Söldnerflut? Nein, Spartakus war ein vortrefflicher Geschichtsheld, er hat wacker an den Ketten gerüttelt, er hat brav das Messer geschwungen.

Aber er hat aus Sklaven keine Menschen gemacht, und er hat am Untergang des damaligen Herrentums nur als ein Handlanger teilgehabt.

Aber verachtet mir diese Leute mit der rohen Faust und dem Schulmeisternamen nicht! Sie sind bereit, sie ahnen Schicksal, sie sträuben sich nicht gegen den Untergang! Achtet den Geist, der in diesen Entschlossenen lebt! Verzweiflung ist nicht Heldentum – habet ihr das nicht selbst im Kriege erfahren? Aber Verzweiflung ist besser als diese dumpfe Angst des Bürgers, welcher erst dann zum Heldentum greift, wenn er seinen Geldbeutel bedroht sieht!

Was sie »Kommunismus« nennen, dies kennen wir ja wohl, dies ist ein altes, allzu altes, etwas komisch gewordenes Rezept aus verstaubten Goldmacherküchen. Achtet nicht auf das, was sie reden! Aber achtet auf das, was sie tun! Diese Menschen sind der Tat fähig, weil sie, wenn auch auf einem anrüchigen Seitenwege, nahe der Schicksalsreife gekommen sind. Ihr habet mehr Möglichkeiten als jene, ihr habet höhere, aber ihr seid noch am Anfang des Weges. Jene sind am Ende, und sie sind euch in der beredten Weise überlegen, ihr Freunde, wie alle zum Untergang Bereiten den Zögernden und Rückständigen überlegen sind.

Das Vaterland und die Feinde

Gar zu viel, Freunde, wehklaget ihr mir über den Untergang eures Vaterlandes! Sollte es schon untergehen, es wäre würdiger und mannhafter, wenn es schweigend und ohne Winseln geschähe! Aber wo ist denn der Untergang? Oder heißet ihr »Vaterland« immer noch euren Geldsack und eure Schiffe? Euren Kaiser? Eure Opernherrlichkeit von vorgestern?

Wenn ihr das Vaterland nennet, was eure Besten als das Beste an eurem Volke liebten, das, womit euer Volk die Welt bereichert und beglückt hat, dann begreife ich nicht, wie ihr von Untergang und Vernichtung sprechen möget! Ihr verlieret viel, an Geld und an Provinzen, an Schiffen und an Weltmacht. Wenn ihr dies nicht ertragen könnt, so gehet hin und sterbet von eurer eigenen Hand, am Fuße eines Kaiserdenkmals, und ich will euch ein Grablied singen. Aber stehet nicht und flehet wehklagend das Erbarmen der Weltgeschichte an, ihr, die ihr eben noch das Lied vom deutschen Wesen gesungen habt, an dem die Welt genesen soll, stehet jetzt nicht als bestrafte Schulkinder am Wege und rufet das Mitleid der Vorübergehenden an! Könnet ihr Armut nicht ertragen, so sterbet! Könnet ihr euch ohne Kaiser und siegreiche Generale nicht regieren, so laßt euch von Fremden regieren! Aber vergesset, ich bitte euch, der Scham nicht völlig!

Aber wie, rufet ihr, sind unsre Feinde nicht grausam? Sind sie nicht in ihrem Siege, der der Sieg einer vielfachen Übermacht ist, roh und gemein? Reden sie nicht von Recht und tun Gewalt? Schreiben sie nicht von Gerechtigkeit und meinen Beute und Raub?

Ihr habet recht. Ich verteidige eure Feinde nicht. Ich liebe sie nicht. Sie sind, wie ihr auch seid, gemein im Erfolg und voll von Kniffen und Ausreden. – Aber, Freunde, ist dies jemals anders gewesen? Und ist es unsere Sache, das Unabänderliche ewig neu in lauten Klagen festzustellen?

Unsere Sache ist, so scheint es mir, unterzugehen wie Männer oder weiterzuleben wie Männer. Nicht aber zu heulen wie Kinder. Unsere Sache ist, unser Schiksal zu erkennen, unser Leid uns zu eigen zu machen, seine Bitterkeit in Süße zu verwandeln, an unsrem Leide reif zu werden. Unser Ziel ist nicht, so schnell wie möglich wieder groß und reich und mächtig zu werden und Schiffe und Heere zu haben. Unser Ziel sei kein Kinderwahn – haben wir nicht gesehen, was es mit den Schiffen und Heeren, mit der Macht und dem Gelde auf sich hat? Ist das schon wieder vergessen?

Unser Ziel, deutsche Jünglinge, ist nicht mit Namen und Zahlen zu nennen. Unser Ziel ist, wie es das Ziel jedes Wesens ist, eins mit dem Schicksal zu werden. Sind wir das, so mögen wir groß oder klein sein, reich oder arm, gefürchtet oder belächelt, daran ist nichts gelegen. Lasset darüber die Soldatenräte und geistigen Arbeiter Reden halten! Seid ihr im Krieg und im Leiden nicht zu euch selbst gekommen, nicht wesentlich geworden, wollet ihr nach wie vor das Schicksal

ändern, dem Leiden entfliehen, die Reife verschmähen, so gehet unter!
Aber ihr verstehet mich, ich sehe es an euren Blicken. Ihr ahnet Trost in den bittern Worten des Alten vom Berge, des Alten Bösen. Ihr erinnert euch an Worte, die er euch über das Leid, über das Schicksal, über die Einsamkeit gesagt hat. Spüret ihr nicht in dem Leiden, das euch traf, einen Hauch der Einsamkeit? Ist euer Ohr nicht empfänglicher geworden für die leise Stimme des Schicksals? Spüret ihr nicht, wie euer Schmerz fruchtbar wird? Wie euer Leid Auszeichnung und Mahnruf zum Höchsten bedeuten kann?
Nur setzet nicht Ziele, wo die Unendlichkeit vor euch steht! Gebet euch nicht Zwecken hin, eben jetzt, wo das Schicksal alle eure hübschen Zwecke von vorgestern zertrümmert hat! Schämet euch, ich bitte euch darum, doch nicht dessen, daß der Gott zu euch geredet hat! Sehet euch ausgezeichnet, sehet euch berufen, sehet euch auserwählt! Aber nicht auserwählt zu diesem und zu jenem, zu Weltmacht oder zu Handel, zu Demokratie oder Sozialismus! Auserwählt seid ihr, im Leid ihr selbst zu werden, im Schmerz euren eigenen Atem und euren eigenen Herzschlag wieder zu gewinnen, den ihr verloren hattet. Auserwählt seid ihr, Sternenluft zu atmen und aus Kindern Männer zu werden.
Höret auf mit den Klagen, Jünglinge! Höret auf mit den Kindertränen um den Abschied von der Mutter und vom süßen Brot! Lernet bitteres Brot essen, Brot der Männer, Brot des Schicksals!
Sehet, dann wird euch das »Vaterland« wieder erscheinen, das eure besten Ahnen geahnt und geliebt haben. Dann werdet ihr aus der Einsamkeit wiederkehren in eine Gemeinschaft, welche nicht mehr Stall und Brutstätte ist, in eine Gemeinschaft von Männern, in ein Reich ohne Grenzen, in das Reich Gottes, wie es eure Väter nannten. Dort ist Raum für jede Tugend, auch wenn eure Landesgrenzen enge sind. Dort ist Raum für jede Tapferkeit, auch wenn ihr keine Generale mehr habt!
Wahrlich, Zarathustra fängt wieder an zu lachen, wenn er so euch Kinder trösten muß!

Weltverbesserung

Ein Wort gibt es, ihr Jünglinge, das in eurem Munde mich leicht verdrießlich macht – wenn es mich nicht eher lachen macht! Es ist das Wort von der Weltverbesserung. Ihr sanget dieses Lied in euren Vereinen und Herden gerne, euer Kaiser und alle eure Propheten sangen dieses Lied mit besonderer Liebe, und der Kehrreim des Liedes war der Vers vom deutschen Wesen und vom Genesen.

Freunde, wir sollten uns des Urteils darüber enthalten lernen, ob die Welt gut oder schlecht sei, und wir sollten auf diesen seltsamen Anspruch, sie zu verbessern, verzichten.

Oft ist die Welt schlecht gescholten worden, weil der, der sie schalt, schlecht geschlafen oder zu viel gegessen hatte. Oft ist die Welt selig gepriesen worden, weil der, der sie pries, eben ein Mädchen geküßt hatte.

Die Welt ist nicht da, um verbessert zu werden. Auch ihr seid nicht da, um verbessert zu werden. Ihr seid aber da, um ihr selbst zu sein. Ihr seid da, damit die Welt um diesen Klang, um diesen Ton, um diesen Schatten reicher sei. Sei du selbst, so ist die Welt reich und schön! Sei nicht du selbst, sei Lügner und Feigling, so ist die Welt arm und scheint dir der Verbesserung bedürftig.

Gerade jetzt, in dieser wunderlichen Zeit, wird das Lied von der Weltverbesserung wieder so heftig gesungen, so heftig gebrüllt. Wie übel und trunken es doch klingt, hört ihr's nicht? Wie wenig zart, wie wenig glücklich, wie so wenig klug und weise es klingt! Und dies Lied ist wie ein Rahmen, den man um jedes Bild passen kann. Es paßte um den Kaiser und um den Schutzmann, es paßte um eure berühmten deutschen Professoren, um Zarathustras alte Freunde! Dies geschmacklose Lied paßt auf Demokratie und Sozialismus, auf Völkerbund und Weltfrieden, auf Abschaffung des Nationalismus und auf neuen Nationalismus. Es wird euch von euren Feinden gesungen, in einem Chor, wo einer wider den andern singt, einer den anderen totsingen möchte. Merket ihr nicht: Überall, wo dies Lied angestimmt wird, da sind Fäuste in der Tasche geballt, da geht es um Eigennutz und um Selbst-

sucht – ach, nicht um jene Selbstsucht des Edlen, der sein Selbst zu erhöhen und zu stählen denkt, sondern um Geld und Geldbeutel, um Eitelkeiten und Einbildungen. Da, wo der Mensch sich seiner Selbstsucht zu schämen beginnt, da fängt er an, von Weltverbesserung zu reden, sich hinter solche Worte zu verstecken.
Ich weiß nicht, ihr Freunde, ob die Welt je verbessert worden ist, ob sie nicht immer und ewig gleich gut und gleich schlecht gewesen ist. Ich weiß es nicht, ich bin kein Philosoph, ich habe nach dieser Seite hin zu wenig Neugierde. Dies aber weiß ich: Wenn jemals die Welt durch Menschen verbessert, durch Menschen reicher geworden, lebendiger, froher, gefährlicher, lustiger geworden ist, so ist sie es nicht durch Verbesserer geworden, sondern durch jene wahrhaft Selbstsüchtigen, zu welchen ich auch euch so gerne zählen möchte. Jene ernstlich und wahrhaft Selbstsüchtigen, welche kein Ziel kennen, welche keine Zwecke haben, denen es genügt, zu leben und sie selbst zu sein. Sie leiden viel, aber sie leiden gerne. Sie sind gerne krank, wenn es ihre Krankheit ist, die sie leiden sollen, ihre wohlerworbene, eigene, eigenste. Sie sterben gerne, wenn es ihr Tod ist, den sie sterben dürfen, ihr wohlerworbener, eigener Tod!
Durch diese ist vielleicht die Welt zuzeiten verbessert worden – so wie ein Herbsttag verbessert wird durch eine kleine Wolke, durch einen kleinen braunen Schatten, durch einen kleinen raschen Vogelflug. Glaubet nicht, daß die Welt mehr Verbesserung nötig habe, als daß je und je einige Menschen auf ihr wandeln – nicht Vieh, nicht Herde, sondern einige Menschen, einige von den Seltenen, die uns beglücken, so wie ein Vogelflug und ein Baum am Meere uns beglückt – einfach dadurch, daß sie da sind, daß es solche gibt. Wenn ihr ehrgeizig sein wollt, Jünglinge, so geizet nach dieser Ehre! Aber sie ist gefährlich, sie führt durch Einsamkeit, und sie kann leicht das Leben kosten.

Vom Deutschen

Habt ihr euch nie darüber besonnen, woher es kommt, daß

der Deutsche so wenig geliebt, daß er so sehr, so tief gehaßt, so sehr gefürchtet, so leidenschaftlich gemieden war? War es euch nicht seltsam, zu sehen, wie in diesem Kriege, den ihr doch mit so viel Soldaten und unter so guten Aussichten begannet, wie während diesem Krieg langsam, langsam und unaufhaltsam ein Volk um das andere zu euren Feinden übertrat, euch verließ, euch unrecht gab?

Ja, ihr habet es bemerkt, mit tiefem Unwillen, und waret stolz darauf, so verlassen, so allein, so mißverstanden zu sein. – Aber höret, ihr waret nicht mißverstanden! Ihr waret es selbst, welche nicht verstandet, welche Irrtümern unterlaget.

Ihr jungen Deutschen habet euch immer gerade mit den Tugenden gebrüstet, die ihr nicht hattet, und habet an euren Feinden die Laster am meisten gescholten, die sie von euch gelernt hatten. Ihr sprachet immer von »deutschen« Tugenden, die Treue und andre Tugenden hieltet ihr beinahe für Erfindungen eures Kaisers oder Volkes. Ihr waret aber nicht treu. Ihr waret untreu, euch selber untreu, und das allein ist es, was euch den Haß der Welt zugezogen hat. Ihr saget: nein, es war unser Geld, es waren unsre Erfolge! Und vielleicht meinte der Feind es auch so, wie ihr in eurer Krämerlogik rechnet. Aber die Gründe liegen immer etwas tiefer als unser Meinen, und gar als ein gewisses flaches, rasches Fabrikantenmeinen. Mochten die Feinde euch euer Geld mißgönnen, mochte das sie neidisch machen! Aber es gibt auch Erfolge, die keinen Neid erregen, denen die Welt zujubelt. Warum habt ihr nie solche Erfolge gehabt, warum immer nur jene andern?

Weil ihr euch selber untreu waret. Ihr spieltet eine Rolle, die nicht die eure war. Ihr hattet aus den »deutschen Tugenden« mit Hilfe eures Kaisers und mit Hilfe Richard Wagners ein Opernwesen gemacht, das niemand in der Welt ernst nahm als ihr selber. Und hinter dem hübschen Geflunker dieser Opernpracht ließet ihr alle eure dunkeln, alle sklavischen, alle großmannssüchtigen Instinkte wuchern und treiben. Ihr hattet immer Gott im Munde, und dabei die Hand am Geldbeutel. Ihr sprachet immer von Ordnung, Tugend, Organisation, und meintet damit das Geldverdienen. Und ihr verrietet euch gerade dadurch, daß ihr bei den Feinden stets denselben Schwindel zu sehen glaubtet! Hört, hieß es bei euch immer, hört, wie sie von Tugend und Recht reden, und seht, wie sie's in Wirklichkeit meinen! Ihr sahet einander zwinkernd in die Augen, wenn ein Engländer oder ein Amerikaner schöne Reden hielt, und euer Zwinkern wußte, was hinter solchen Reden zu stecken pflegt. Woher wußtet ihr denn das so genau, wenn nicht aus dem eigenen Herzen?

Scheltet nur darüber, daß ich euch weh tue! Ihr seid so gar nicht gewöhnt, daß euch weh getan wird, ihr seid so sehr daran gewöhnt, euch untereinander recht zu geben. Zum Unrechthaben, zum Bösereden, zum Abladen unfreundlicher Triebe war ja der Feind da. Aber ich sage euch: man muß Weh tun und Weh leiden können, wenn man auf der Seite des Lebens stehen und in der Welt sich halten will. Die Welt ist kühl und ist kein heimatlicher Brutort, wo man in ewiger Kindheit in geborgener Wärme sitzt. Die Welt ist grausam, sie ist unberechenbar, sie liebt nur Starke und Gewandte, sie liebt die, die sich selber treu bleiben. Alles andere hat in ihr nur kurzlebige Erfolge – solche Erfolge, wie ihr sie seit dem geistigen Niedergang Deutschlands mit euren Waren und Organisationen hattet! Wo sind sie hin? Nun aber ist es vielleicht Zeit für euch. Vielleicht ist die Not groß genug, euren Willen zu spannen – nicht zu neuer Tuerei und neuer Flucht vor dem heimlichen Sinn des Lebens, sondern zur Mannheit, zum Glauben an euch selbst, zur Wahrheit und Treue gegen euch selbst.

Denn dies, ihr Freunde, muß euch doch durch all mein Schelten und Bösereden hindurchgeklungen und -geleuchtet haben: daß ich euch liebe, daß ich ein gewisses Vertrauen zu euch habe, daß ich Zukunft bei euch wittere – und glaubt mir, ich habe eine feine, eine vielmal bewährte Spürnase, ich alter Einsiedler und Wettermacher. Ja, ich glaube an euch – ich glaube an etwas in euch, an etwas im Deutschen, zu dem ich eine alte und tiefe Liebe im Herzen trage. Ich glaube in euch an etwas, was noch nicht zu sehen ist, an eine Zukunft, an Möglichkeiten, an ein lockendes, hinter hundert Wolken blitzendes Vielleicht. Gerade darum glaube ich daran, weil ihr noch Kinder seid und so viel Kinderei betreibet, weil ihr diese lange, gar so lange Kindheit mit euch herumtraget. Ach, daß diese Kindheit einmal Mannheit würde! Daß diese Leichtgläubigkeit einmal Vertrauen, diese Zärtlichkeit Güte, diese Sonderbarkeit und Empfindlichkeit Charakter und Manneseigensinn würde!

Ihr seid das frömmste Volk der Welt. Aber was für Götter hat eure Frömmigkeit sich erschaffen! Kaiser und Unteroffiziere! Und an ihrer Stelle nun diese neuen Weltbeglücker!

Möchtet ihr lernen, den Gott in euch selbst zu suchen! Möchtet ihr vor dem geheimen Etwas, vor dieser Zukunft in euch einst so viel Ehrfurcht empfinden, wie ihr sie vor Fürsten und Fahnen empfandet! Möchte eure Frömmigkeit einmal nicht mehr auf den Knien liegen, sondern aufrecht auf starken, auf männlichen und gestählten Füßen stehen!

Ihr und euer Volk

Noch immer, Freunde, seid ihr mißtrauisch und schauet mich oft von der Seite an, und ich weiß, was euch an mir mißfällt und scheu macht: Ihr fürchtet, der Rattenfänger Zarathustra lockt euch hinweg von eurem Volke, das ihr liebt und das euch heilig ist! Ist es nicht so? Habe ich euch gut erraten?

Zwei Lehren gibt es bei euren Lehrern und in euren Büchern: die eine lehrt, daß das Volk alles, der einzelne aber nichts ist; die andere dreht den Satz um.

Zarathustra aber ist nie ein Lehrer gewesen, eure Lehren sind ihm höchstens ein Anlaß zu Gelächter. Liebe Freunde, ihr habet nicht die Wahl, ob ihr Volk sein oder einzelne sein wollet! Es ist gesorgt, es ist gut dafür gesorgt, daß die Bäume nicht in den Himmel wachsen! In den Himmel der Einsamkeit, in den Himmel der Mannheit hinein ist noch keiner gewachsen, weil er in einem Buch davon gelesen und sich dafür entschieden hat!

Wenn ich euch aber frage, ihr Jünglinge: Was ist es denn, wonach euer Volk so sehr Verlangen hat? Was ist seine Not? So werdet ihr sagen: Unser Volk braucht Taten, unser Volk braucht Männer, welche nicht nur zu reden, sondern Taten zu tun verstehen!

Wohlan denn, Freunde, ob ihr es nun euretwegen oder eures Volkes wegen tun möget – vergeßt mir nicht, woher denn die Taten kommen, woher der kühle, der freudige und mannhafte Morgen- und Eigensinn, aus dem die Taten springen wie die Blitze aus der Wolke. Habt ihr es schon vergessen? Fällt es euch wieder ein?

Freunde, das, was euer Volk und jedes Volk bedarf, das sind Männer, welche gelernt haben, sie selbst zu sein, welche ihr Schicksal erkannt haben. Sie allein werden zum Schicksal ihres Volkes. Sie allein sind nicht mit den Reden und den Erlassen und dem ganzen ängstlichen und verantwortungslosen Beamtentum zufrieden. Sie allein haben den Mut, haben den Übermut, haben die gute, die wohlgeschaffene, gesunde, frohe Laune, aus welcher die Taten kommen.

Ihr Deutsche seid mehr als jedes andere Volk an das Gehorchen gewöhnt. Euer Volk hat so leicht, hat so überaus gerne und freudig gehorcht, keinen Schritt mochte es tun, ohne dabei die Befriedigung zu fühlen, daß damit ein Gebot erfüllt, eine Vorschrift befolgt sei. Mit Gesetzestafeln und namentlich mit Verbottafeln war euer gutes Land bedeckt wie mit einem Walde. Wie müßte dies Volk erst gehorchen, wenn es nach so langer, langer Pause und müder Wartezeit einmal wieder Mannesstimmen vernähme? Wenn es einmal wieder statt Erlaß und Vorschrift den Ton der Kraft und der Überzeugung vernähme? Wenn es wieder einmal Taten sähe, die nicht allergnädigst befohlen und allerergebenst ausgeführt werden, sondern heiter und gesund aus dem Haupt ihres Vaters springen, hell und gewappnet wie jene Göttin der Griechen?

Denket je und je daran, Freunde, und vergeßt es nicht, was es ist, danach euer Volk lechzt und dürstet! Und vergesset nicht, daß Tat und Mannheit nicht in Büchern und nicht in Volksreden wächst. Sie wächst auf Bergen, und der Weg dahin führt durch Leid und Einsamkeit, durch gern getragenes Leid, durch freiwillige Einsamkeit.

Und, allen euren Volksrednern entgegen, rufe ich euch zu: Es eilt nicht so sehr! Jene alle rufen euch aus allen Ecken an: »Eilet! Laufet! Entscheidet euch in der Minute! Die Welt brennt! Das Vaterland ist in Gefahr!« Aber glaubet mir: das

Vaterland wird nicht Not leiden, wenn ihr euch Zeit lasset, wenn ihr euern Willlen, euer Schicksal, eure Tat austraget und reif werden lasset! Die Eilfertigkeit hat, ebenso wie die Freude am Gehorchen, zu den deutschen Tugenden gezählt, welche keine sind.

Kinder, lasset die Köpfe nicht so herabhängen! Machet den alten Zarathustra nicht lachen!

Ist es denn ein Unglück, daß ihr in frische, stürmische, brausende Zeiten hinein geboren seid? Ist denn das nicht euer Glück?

Der Abschied

Und nun, Freunde, nehme ich Abschied von euch. Und ihr wisset es ja schon, wenn Zarathustra von seinen Zuhörern Abschied nimmt, so pflegt er sie nicht zu bitten, sie möchten ihm treu bleiben und in artiger Schülerschaft verharren.

Ihr sollet Zarathustra nicht anbeten. Ihr sollet Zarathustra nicht nachahmen. Ihr sollet nicht Zarathustras werden wollen! In einem jeden von euch ist eine verborgene Gestalt, die noch im tiefen Kindesschlummer liegt. Lasset sie lebendig werden! In einem jeden von euch ist ein Ruf, ein Wille und Wurf der Natur, ein Wurf nach der Zukunft, nach dem Neuen und Höhern hin. Lasset ihn reif werden, lasset ihn ausklingen, traget Sorge zu ihm! Eure Zukunft ist nicht dies oder das, ist nicht Geld oder Macht, ist nicht Weisheit oder Gewerbeglück – eure Zukunft und euer schwerer, gefährlicher Weg ist dieser: reif zu werden und Gott in euch selbst zu finden. Nichts ist euch, deutsche Jünglinge, schwerer gemacht. Stets habt ihr Gott gesucht, aber niemals in euch selbst. Er ist nirgends sonst. Es gibt keinen andern Gott, als der in euch ist.

Wenn ich einmal wiederkehren sollte, meine Freunde, dann wollen wir von andern Dingen reden, von hübschern, von frohern. Wir wollen dann, so erhoffe ich es mir, beisammen sitzen und miteinander wandeln wie Männer, einer stark und er selbst neben dem andern, jeder auf nichts in der Welt vertrauend als auf sich selbst und auf das Glück, das den Starken und Wagehälsen gewogen ist.

Gehet nun und suchet eure Gassen mit den vielen Rednern wieder auf. Vergesset, was der alte Fremdling vom Gebirge euch gesagt hat. Zarathustra ist nie ein Weiser gewesen. Er ist immer ein Spaßvogel und launischer Wanderer gewesen.
Lasset euch von keinem Redner und von keinem Lehrer einen Vogel ins Ohr setzen, er heiße, wie er wolle. Es gibt in jedem von euch nur einen, nur seinen, nur seinen einzigen, eigenen Vogel, auf den zu hören ihm nottut.
Dies sage ich euch zum Abschied: Höret auf den Vogel! Höret auf die Stimme, die aus euch selber kommt! Wenn sie schweigt, diese Stimme, so wisset, daß etwas schief steht, daß etwas nicht in Ordnung ist, daß ihr auf dem falschen Wege seid.
Singt und spricht er aber, euer Vogel – o, dann folget ihm, folget ihm in jede Lockung und noch in die fernste und kälteste Einsamkeit und in das dunkelste Schicksal hinein!

Zum Antisemitismus

1922

I

Eine kleine Schrift ›Verrat am Deutschtum‹ von Wilhelm Michel gibt Anlaß, auch einmal ein Wort über eine der häßlichsten und törichtsten Formen jungdeutschen Nationalismus zu sagen, über die blödsinnige, pathologische Judenfresserei der Hakenkreuzbarden und ihrer zahlreichen namentlich studentischen Anhänger. Es gab früher einen Antisemitismus, er war bieder und dumm, wie solche Antibewegungen eben zu sein pflegen, und schadete nicht viel. Heute gibt es eine Art von Judenfresserei unter der deutschen, übel mißleiteten Jugend, welche sehr viel schadet, weil sie diese Jugend hindert, die Welt zu sehen wie sie ist, und weil sie den Hang, für alle Mißstände einen Teufel zu finden, der dran schuld sein muß, verhängnisvoll unterstützt. Man mag die Juden lieben oder nicht, sie sind Menschen, häufig unendlich viel klügere, tatkräftigere und bessere Menschen als ihre fanatischen Gegner. Man mag sie, wo man sie als schädlich empfindet, auch bekämpfen, wie man gelegentlich gegen Übel kämpft, die man als notwendig kennt, die aber dennoch je und je zu erneutem Anlauf reizen. Daß man aber eine Menschenklasse schlechthin für das Übel in der Welt, und für die tausend schlimmen Sünden und Bequemheiten des eigenen, deutschen Volkes als Sündenbock aufstellt, ist eine Entartung so schlimmer Art, daß ihr Schade allen Schaden, der je durch Juden geschehen sein mag, zehnfach aufwiegt.

II
1958

Der primitive Mensch haßt das, wovor er sich fürchtet, und in manchen Schichten seiner Seele ist auch der zivilisierte und gebildete Mensch ein Primitiver. So beruht auch der Haß von Völkern und Rassen gegen andere Völker und Rassen nicht auf Überlegenheit und Stärke, sondern auf Unsicherheit und Schwäche. Der Haß gegen die Juden ist ein verkleidetes Minderwertigkeitsgefühl: dem sehr alten und sehr intelligenten Volk der Juden gegenüber empfinden die weniger klugen Schichten einer andern Rasse Konkurrenzneid und beschämende Unterlegenheit, und je lauter und heftiger dies üble Gefühl sich als Herrentum aufspielt, desto gewisser steckt Furcht und Schwäche dahinter. Ein wirklich Überlegener, ein wirklicher Herr wird den, dem er sich überlegen weiß, bemitleiden, vielleicht gelegentlich auch verachten, niemals aber hassen.

Wir alten Leute haben die Zeit noch erlebt, da man in Deutschland von den Judenverfolgungen in Rußland und andern Ländern nur mit Schauder und Entsetzen las und sprach. Ob man nun die Juden liebte und zu schätzen wußte oder nicht, man empfand diese Pogrome als barbarisch und menschenunwürdig. Doch reichte freilich die Verstandes- und Herzensbildung nur selten so weit, daß man den Antisemitismus auch im eigenen Volk und Staat erkannte und verurteilte, wo er sich vorläufig nicht in Schlächtereien, sondern nur in Rechtsbeschränkungen und in einem Vokabular von Spott- und Schimpfnamen für die andere Rasse äußerte.

Die scheinbar kleine Unterlassungssünde hat sich entsetzlich gerächt. Das selbe deutsche Volk, das einst die Pogrome in andern Ländern mit Schaudern verdammte, hat ein paar Jahrzehnte später alle diese Scheußlichkeiten so überboten, daß seither in vielen Ländern der Erde das deutsche Wesen für viel gefährlicher und schändlicher gilt als jemals das der Juden oder der Hunnen.
Gewiß, dies Urteil ist nicht das der Gescheitesten und Fortgeschrittensten, es ist ein Urteil des aus Furcht geborenen Hasses, wie es einst der Judenhaß der Hitlerleute war. Aber es existiert, dies Urteil, es ist eine Tatsache, und wohin solche Haßgefühle führen können, wenn sie nur etwas geheizt und organisiert werden, das haben ja die deutschen Konzentrations- und Vernichtungslager der Welt vor Augen geführt.
Zu den Aufgaben der deutschen Jugend gehört es nun, diesem Deutschenhaß durch eine vernünftige und würdige Haltung zu begegnen. Dazu gehört vor allem eine Einsicht in die Ursachen der Schande, die der Nationalsozialismus und vor allem dessen Judenvernichtungen über Deutschland gebracht haben, und eine immer wache Abkehr von den Charakter- und Denkfehlern jener Generation und ihrer Führer.
Wer heute in Deutschland noch oder wieder hitlerische und judenfeindliche Phrasen nachspricht und die Augen vor dem so unheimlich folgerichtigen Ablauf der deutschen Geschichte zwischen 1933 und 1945 verschließt, ist ein Feind seines Vaterlandes. Und wenn einem von euch Jungen das, was jeder weiß, noch nicht genügt, und wenn ihm ein Verführer mit jenen Lügenmärchen über jüdische Übeltaten kommt, mit denen Hitler und Himmler ihr Volk überschwemmten, dann denket daran, daß das, was Deutsche den Juden angetan haben, leider kein Lügenmärchen ist. Das Buch vom Dritten Reich und den Juden spricht eine Sprache, vor der jede Phrase verstummt.

Aus einem Tagebuch vom Juli 1933

Die Nachrichten aus Deutschland (zuletzt die neuen Gesetzentwürfe über Reichsangehörigkeit etc., die Ehrung der Mörder Rathenaus und andre ziemlich derbe Berserkereien) erschrecken einen manchmal, man hat sich aber schon daran gewöhnt, und es kommt ja auch auf ein wenig mehr oder weniger an Geschrei und Grausamkeit nicht mehr an. Was mich dauernd beunruhigt, ist nicht meine Kritik am deutschen Regime, die unterscheidet sich wohl wenig von der der meisten Ausländer, sondern mich beunruhigt mein Mangel an Verständnis für das Positive, für das Lebendige was in den gutgesinnten Deutschen vorgeht, für ihr Eingehen auf die ihnen zunächst erschreckende »Revolution«, kurz für die heutige Form der Vaterlandsliebe im Reich. Es interessiert und quält mich, zu wissen warum stille, ernste, parteilose Männer (ich denke an Otto H. und manche andre) diese Revolution jetzt bejahen, warum sie sie als Kriegs- und Ausnahmezustand anerkennen und sich, sei es als Mitarbeiter oder auch als Opfer, ihr zur Verfügung stellen. Wenn die »Revolution« nur Reaktion und weißer Terror ist, wenn sie wirklich, wie man aus vielen Zeichen schließen muß, nicht bloß von einer naiven, sondern von einer krankhaft verbohrten Blindheit und Scheu vor Kritik ist, also im Innern falsch, dem Organischen und Lebendigen feindlich, dann hat es keinen Sinn mehr zu sagen wie etwa Otto H. mir schrieb: »Wenn auch diese ungeheure Anstrengung und Zusammenraffung unsres Volkes erlahmt und scheitert, dann kracht alles zusammen, das darf nicht geschehen.« Nein, dann kracht ja nur etwas zusammen, worum es nicht schade ist, und wenn auch viel gutes Blut, viel redliche deutsche Liebe und Idealität diesen Schiffbruch mit erleidet und untergeht – es ist besser, sie gehen unter als sie stützen eine Organisation, die im Grunde bös und teuflisch ist. Und als bös und teuflisch erscheint mir, der ich gar kein Politiker bin, diese ganze Gesinnung des dritten Reichs, wobei ich jedem Einzelnen das Recht der bona fides und des Verblendetseins zugestehe, auch den Führern. Es scheint mir sehr wichtig und kennzeichnend, daß die protestantische Kirche diese Bewegung sich sofort zu eigen gemacht hat und im Begriff scheint, sich als eine deutsche, germanische, nicht mehr römische, auch nicht mehr christliche Organisation bedingungslos den Männern mit den hohen Titeln und den schönen Uniformen zur Verfügung zu stellen. Alles Anrüchige des Protestantismus, vom Fürstendienertum Luthers bis zur Vergötzung des rein Dynamischen in der jüngern Theologie, vereinigt sich hier und wird Ausdruck für eine bestimmte, eben für die deutsche und protestantische Form des blinden Nationalismus. Dazu paßt die Selbstanbetung des heutigen Deutschen, der tiefe Ehrfurcht vor seiner »tragischen« und »faustischen« Natur hat und darunter versteht, daß er, Auserwählter und zugleich Gezeichneter unter den Völkern, nun einmal dazu bestimmt sei, über die kleinlichen Schranken der bloßen Vernunft und bloßen Moral hinweg das Große und Ungeheure zu tun, nämlich seine Triebe auszuleben und seine Gelüste zu befriedigen. Die Theologie der protestantischen Reichspfarrer hat dafür dann eine Dogmatik des »Peccandum est« zur Verfügung, die eher noch geistvoller aussieht als die, mit der sie anno 14 den Krieg verherrlichte. Als zweierlei beunruhigt mich: Warum auch die sauberen, zuverlässigen, anständigen und unbedingt nicht feigen Leute im Reich zu einem sehr großen Teil den Hurrah- und Kriegspatriotismus, dessen Schiffbruch sie kaum erst erlebt haben, in dieser neuen Form bejahen und mitmachen und zweitens: ob nicht vielleicht diese vernunftlose aber starke Art von organisiertem Triebleben, diese Methode des Schreiertums und Führertums, diese starke Dampfwalze der Uniformierung einer bedingungslos verpflichteten Untertanenschaft – ob nicht diese Maschinerie (einerlei ob in faschistischer oder sozialistischer oder andrer Form) eben die Methode ist, nach welcher im jetzigen Weltaugenblick die Völker regiert werden wollen und müssen. Denn soweit bin ich immerhin Denker und auch Christ, daß ich einsehe: es ist jede, ausnahmslos jede Form von Gewalt eine Angelegenheit der »Welt«, das Streben nach ihr und ihre Ausübung vollzieht sich immer und unter allen denkbaren Formen im Diesseitigen, ist Sache der Triebe und nie des Geistes, auch wenn sie tausend »geistige« Argumente zu ihrer Rechtfertigung benutzt. Es werden stets und immer die Napoleone regieren und die Christusse umgebracht werden – aber wenn das »dritte« Reich auf tausendjährige europäische und christliche Gewohnheiten, Formen, Bändigungen verzichtet und unter dünner Ideologie nahezu hemmungslos der Macht huldigt, so hat das, ebenso wie das Regime bei den Sowjets, eben doch etwas Neues, etwas was von unsrer Zeit ist, etwas was mit brüchig gewordenen Begriffen gebrochen hat und darum stark ist. Das nun, womit Sowjet und Hitler gebrochen haben, ist vor allem die christliche Konvention, darin sind sie gleich. Nicht daß die Leiter des Dritten Reichs Antichristen wären, und Bismarck oder Metternich wirklich Christen gewesen wären! Aber es wird heute gebrochen mit Konventionen der Menschlichkeit, des Rechts, der Völkermoral, welche zwar längst faul waren, die man aber bisher immer noch zu schonen suchte. Man könnte sich z. B. recht wohl denken: wenn die Deutschen anno 14 statt mit der alten brüchig gewordenen, mit dieser neuen, rohen aber starken, alle Christlichkeit etc. als dumme Sentimentalität abwerfenden Ideologie in den Krieg gezogen wären, gegen Völker, in denen die alte Moral zwar auch faul war aber doch noch galt – dann hätten sie trotz aller Übermacht vielleicht die Welt besiegen können. Nun aber haben sie das nicht getan, sondern haben den Krieg verloren, und würden ihn sofort wieder verlieren, wenn er sich heut wiederholte. Es scheint also mit dem Wert der neuen Ideologie, auch rein biologisch betrachtet, flau zu stehen. Man hat ein Stück Geschichte, nämlich den Krieg und seine politische Vorgeschichte, durch primitive Magie im Gedächtnis des Volks ausgelöscht, und man hat vom Bolschewismus eine neue Methode der Macht und Massenlenkung gelernt, das ist beides nicht so originell wie es für viele aussieht. Als geistiges Gerüst für einen so großen Bau wird es nicht genügen, auch wenn man von einer Ideologie nicht zu viel erwartet. Schließlich hat weder die deutsche Geschichte damit begonnen, daß in dem schuldlosen Paradies Germaniens plötzlich der Versailler Vertrag als Teufel einbrach, noch

kann, rein vernunftgemäß betrachtet, das Blut- und Rassengeschwärme sich mit dem Marxismus vergleichen. Ich liebe, weiß Gott, diesen Marxismus nicht und seine dünne Vernünftigkeit, aber um sich mit den Sowjets vergleichen zu können, müßte das Dritte Reich doch etwas mehr haben als das Hakenkreuz und die blauen Augen.
Indessen: wenn diese Vernunftgründe mir genügen würden, so wäre die Sache ja abgetan. Weit hinter ihnen rieche ich aber im Hakenkreuz und der fanatischen Pogromstimmung des Reichs Mächte, die sich mit Vernunft nicht widerlegen lassen, und da ich sie wohl fühlen, nicht aber bejahen und annehmen kann, machen sie mir Qual ...
Wenn nun also den über- und unter-rationalen Vorgängen im Volk gegenüber meine Natur sich wieder ähnlich beengt und auch unsicher fühlt wie im Jahr 1914, so bin ich dennoch diesmal der »großen Zeit« weniger preisgegeben und habe sehr viel mehr Distanz als damals. Das damals Vollzogene an Kritik meiner selbst sowie an Kritik meines Volkes ist nicht vergessen, in allem Rationalen ist mein Wissen und mein Gewissen sicher und seiner selbst gewiß. Eben darum habe ich diesmal gar kein Bedürfnis, mitzureden, öffentlich mitzutun, Kritik zu üben oder Opposition zu machen. Ich habe mir zwar vorzuwerfen, daß meine Natur die Seelenregungen meines Volkes nicht mitmacht, aber darüber, ob diese Regungen gut oder böse seien, bin ich ohne Zweifel. Darum kann ich den Wunsch von vielen Wohlmeinenden auch nicht teilen, Deutschland möchte in seiner jetzigen Bewegung von einem Bankrott bewahrt bleiben, ich halte einen frühen Bankrott für viel besser als einen späten. Sowohl die Verlogenheit der Geschichte gegenüber, die diese Führer auszeichnet, wie auch ihre wilden Methoden im Ausradieren, Verbieten und Unterdrücken alles dessen, vor dem sie Angst haben, vor allem jeder Wahrheit und Selbstkritik, verurteilt das Ganze ja ohne Weiteres – aber eben nur für den, der sie »von außen« und »objektiv« betrachtet. Für den, der sie rein biologisch als einen Anlauf und Rausch miterlebt, ist es anders. Viele der Briefe, die ich von dort bekomme, sind wie im höchsten Fieber geschrieben, ganz wie Briefe aus

dem August 1914, brennend, berauscht, besoffen, Haßlieder, Amoklieder. Die andern Stimmen sind seltener, weil niemand aus dem Reich offen zu schreiben wagt, alles zittert ja vor Spionage, Geheimpolizei, Denunziantentum. Aber wenn je und je doch ein Brief offener redet, oder einer der Nichtberauschten in die Schweiz zu uns kommt, dann hört man Töne des Leidens, der Entrüstung oder der Resignation, auf die mein ganzes Wesen sofort ohne jede Hemmung reagiert. Auch jetzt wieder stehe ich mit dem Herzen dort, wo die Unterdrückten und Gemaßregelten stehn: die Mißhandelten, Gefangenen, die Juden, die Vertriebenen. Nur heißt das nicht, daß ich so unbedingt mit der Emigranten-Mentalität einig wäre! Ich kann dieser Partei so wenig beitreten wie einer andern. Übrigens hat das Dritte Reich mich bis jetzt ganz und gar in Ruhe gelassen, keins meiner Bücher ist angeprangert, keine Zeitung hat sich verschlossen, ich bekomme bisher auch meine Einkünfte weiter, die freilich sehr klein geworden sind, da fast niemand mehr ein Buch kauft.
Carlo war drei Tage unser Gast, zweimal war auch sein Freund, der junge Staatsanwalt Kleinknecht, da, ein netter Mensch. Bei beiden verwunderte mich die Gelassenheit, ja Wurstigkeit, mit der sie das Politische hinnehmen, sich über Hitler und alles lustig machen, aber keine Spur von Lust zum Mitmachen haben, weder für noch wider. Dabei sehe ich, daß bei mir die Unabhängigkeit vom Aktuellen doch nicht so groß ist wie ich oft glaube. Ich empfinde eine Art von Verpflichtung zur Opposition, kann diese aber nicht anders realisieren als indem ich mich und meine Arbeit noch intensiver neutralisiere. Zur aktiven Opposition sehe ich keinen Weg, da ich ja im Grunde an den Sozialismus nicht glaube. Ich habe also gegen das Dritte Reich keine andre Ablehnung und Opposition als ich sie gegen jedes Reich, jeden Staat und jede Gewaltausübung habe, die des Einzelnen gegen die Masse, der Qualität gegen die Quantität, der Seele gegen die Materie ...

Über Ernst Blochs »Erbschaft dieser Zeit«
1935

Hohes Interesse verdient das Buch »Erbschaft dieser Zeit« von Ernst Bloch (Verlag Oprecht und Helbling). Bloch, ein entschiedener Kommunist, gehört nicht zu den populären Autoren, die im Tageskampf viel citiert werden, er steht im Gegenteil dem »Vulgär-Marxismus« sehr kritisch, ja skeptisch gegenüber und gehört zu den wenigen Esoterikern des Marxismus, d.h. zu jenen paar Autoren, welchen die Zucht und Geschmeidigkeit der echten Hegelschen Dialektik nicht verloren gegangen ist. Obwohl ich nicht Marxist bin und es nie war, schätze ich diesen Autor hoch. In seinem überlegenen und doch leidenschaftlichen Buch zieht er die Bilanz der »Erbschaft dieser Zeit«, d.h. er klopft von seinem kommunistischen Standpunkt aus unsre ganze bürgerlich-kapitalistische Kultur untersuchend ab, um festzustellen, welche Teile und Reste dieser Kultur auch für die Zukunft, für den klassenlosen Staat wichtig sein und weiterleben könnten. Es zeigt sich dabei, daß der unerbittliche Feind und Richter des Bürgertums die Spätkultur dieses Bürgertums, seine Kunst, seine Dichtung, seine Geschichtsphilosophien, seine Illusionen und seine Pessimismen nicht nur sehr genau studiert hat, sondern manches in ihr auch liebt; z.B. spürt man es bei seinen vernichtenden Abrechnungen mit Spengler überall durch, wie er dessen positive Leistungen, namentlich gewisse kulturmorphologische Kapitel, nicht nur sorgfältig, sondern mit einer gewissen grimmigen Zärtlichkeit studiert hat. Auf lebendige und zum Teil ganz originelle Weise bezieht er Architektur und Musik, Kino etc. mit ein. Für wache und kritische Leser ein mehr als nur anregendes Buch.

Januar 1930 (an seinen Sohn Heiner Hesse)
Ich selber bin, aus guten Gründen, weder »bürgerlich« noch Sozialist, obgleich ich, rein politisch betrachtet, den Sozialismus für die einzige anständige Gesinnung halte. Daß ich trotzdem nicht Sozialist geworden bin, das kommt davon her, daß die geistigen Grundlagen des Sozialismus (das heißt die Lehren von Marx) keineswegs ganz rein und einwandfrei sind, und zweitens kommt es daher, daß die Sozialdemokraten in der ganzen Welt ihren besten Grundsätzen längst untreu geworden sind. Vor allem haben mich die deutschen Sozialisten enttäuscht, als sie begeistert mit in das Kriegsgeheul anno 1914 einstimmten, und als sie nachher, im Jahr 18, die Revolution verrieten.
Aber auch die besten und edelsten Gesinnungen machen einen Menschen nicht wirklich wertvoller, als er eben ist. Ich beurteile die Menschen nie nach ihren Gesinnungen, sondern nur nach ihrem Charakter. Die meisten Menschen haben ja keine persönlichen Gesinnungen, sondern die ihrer Kaste, sowohl die Kapitalisten wie die Sozi sind zu 99 Prozent Anhänger von Meinungen, zu deren Nachprüfung ihr Geist gar nicht ausreicht.
... Es wäre besser, Du würdest den Versuch machen, diesen Feind, die kapitalistische Gesellschaftsordnung, wirklich kennen zu lernen, also die sozialistische Lehre Dir durch wirkliches Studium zu eigen machen. Dort führt der Weg weiter. Ich selbst bin nicht Sozialist und halte diese Weltanschauung für genau so anfechtbar wie jede andre, aber beim heutigen Stand der Dinge ist eben doch der Sozialismus die einzige Lehre, die an den Grundlagen unsrer falschen Gesellschaft und Lebensweise wenigstens ernstlich Kritik übt.
Alle diese Fragen sind mir zur Zeit wieder durch allerlei Studien aktuell geworden, unter anderem auch durch die Lektüre der Memoiren von Trotzki.

20. Februar 1931
Ich bin nicht mißtrauisch gegen den jetzigen Staat, weil er neu und republikanisch, sondern weil er mir beides zu wenig ist. Ich kann nie ganz vergessen, daß der preußische Staat und sein Kultusministerium, die Schirmherren der Akademie, zugleich die verantwortliche Instanz für die Universitäten und ihren fatalen Ungeist sind, und ich sehe in dem Versuch, die »freien« Geister in einer Akademie zu vereinen, ein wenig auch den Versuch, diese oft unbequemen Kritiker des Offiziellen leichter im Zaume zu halten.

Sommer 1931
Ihr Brief ist gekommen, er gleicht vielen anderen, die ich bekam. Er zeigt die typische Haltung Ihrer Generation: Cynismus auf Grund von Verantwortungslosigkeit, Verzweiflung auf Grund von Anarchie. Dagegen gibt es kein Heilmittel, es werden Kriege und andre Schweinereien daraus entstehen, daß bei Euch keine Ehrfurcht, kein Wille zum Dienen, keine Lust zur Steigerung der Persönlichkeit durch große Aufgaben da ist. Als Ersatz für Religion und Kultur genügt das bißchen Boxen und Rudern nicht.
Ihr könnet nichts dafür, Ihr seid Opfer – aber es ist kein Grund, darauf zu pochen! Wenn Ihr schon nichts ernst nehmen könnet, so versuchet wenigstens Euch selber ernst zu nehmen, sonst erlischt jeder Wert und Sinn in Eurem Leben. Euer Leben hat genauso viel Sinn, als Ihr selbst ihm zu geben vermöget.

Anfang Dezember 1931
Also: der letzte Grund meines Unvermögens zur Einordnung in eine offizielle deutsche Korporation ist mein tiefes Mißtrauen gegen die deutsche Republik. Dieser haltlose und geistlose Staat ist entstanden aus dem Vacuum, aus der Erschöpfung nach dem Kriege. Die paar guten Geister der »Revolution«, welche keine war, sind totgeschlagen, unter Billigung von 99 Prozent des Volkes. Die Gerichte sind ungerecht,

die Beamten gleichgiltig, das Volk vollkommen infantil. Ich habe Anno 1918 die Revolution mit aller Sympathie begrüßt, meine Hoffnungen auf eine ernst zu nehmende deutsche Republik sind seither längst zerstört. Deutschland hat es versäumt, seine eigene Revolution zu machen und seine eigene Form zu finden. Seine Zukunft ist die Bolschewisierung, mir an sich gar nicht widerwärtig, aber sie bedeutet eben doch einen großen Verlust an einmaligen nationalen Möglichkeiten. Und leider wird ihr ohne Zweifel eine blutige Welle weißen Terrors vorangehen. So sehe ich die Dinge seit langem und so sympathisch mir die kleine Minderheit der gutgewillten Republikaner ist, ich halte sie für vollkommen machtlos und zukunftslos, für ebenso zukunftslos, wie es einst die sympathische Gesinnung Uhlands und seiner Freunde in der Frankfurter Paulskirche war. Von 1000 Deutschen sind es auch heute noch 999, welche nichts von einer Kriegsschuld wissen, welche den Krieg weder gemacht noch verloren noch den Vertrag von Versailles unterzeichnet haben, den sie wie einen perfiden Blitz aus heiterem Himmel empfinden. Kurz, ich finde mich von der Mentalität, welche Deutschland beherrscht, genauso weit entfernt wie in den Jahren 1914–1918. Ich sehe Vorgängen zu, die ich als sinnlos empfinde, und bin seit 1914 und 1918 statt des winzigen Schrittes nach links, den die Gesinnung des Volkes getan hat, um viele Meilen nach links getrieben worden. Ich vermag auch keine einzige deutsche Zeitung mehr zu lesen.

Dezember 1931
Für mich selbst war damals der Einschnitt ein starkes Erlebnis. Er hängt mit dem Weltkrieg zusammen. Ich war bis zum Kriege zwar ein Einsiedler gewesen, aber mit Vaterland, Regierung, öffentlicher Meinung, offizieller Wissenschaft etc. nicht in Konflikt gekommen, obwohl ich demokratisch empfand und mich gern an der Opposition gegen Kaiser und Wilhelminismus beteiligte. (Mitarbeit am »Simplizissimus«, Mitbegründer des demokratisch-antikaiserlichen »März« etc.) Jetzt im Krieg sah ich nicht nur, daß mit dem Kaiser, dem

Reichstag, dem Kanzler, den Zeitungen und Parteien nichts los sei, daß das ganze Volk begeistert den scheußlichen Roheiten und Rechtsbrüchen Beifall zubrüllte etc., und die Professoren und andern offiziellen Intellektuellen die Lautesten dabei waren – ich sah auch weiter, daß nämlich auch unser bißchen Opposition, unser bißchen Kritik und Demokratie nur Feuilleton gewesen, daß auch von uns nur sehr wenige Ernst zu machen und nötigenfalls dafür zu sterben bereit waren. Es folgte auf die Vernichtung der vaterländischen Götzen die der eignen Einbildung, ich mußte unsere deutsche Geistigkeit, unsre heutige Sprache, unsre Zeitungen, unsre Schule, unsre Literatur unter die Lupe nehmen und als größtenteils verlogen und hohl erkennen, inbegriffen mich selbst und meine bisherige Schriftstellerei, obwohl die ja in guten Treuen geschehen war.

April 1932

Ich begreife wohl den Gegensatz zwischen der Welt, die Sie in meinen Schriften angedeutet finden, und der so viel klareren, einfacheren und scheinbar männlicheren Welt, aus der Sie kommen, der Welt, wo über Gut und Böse genaue Vorschriften existieren, wo alles eindeutig ist und alles auch noch den Glanz des Heldischen hat. Clausewitz und Scharnhorst führen Sie nicht vor Konflikte, sie zeigen Ihnen eine klar vorgezeichnete Pflicht, und zeigen Ihnen als Belohnung für deren Erfüllung sichtbare Werte: gewonnene Schlachten, getötete Feinde, Generalsabzeichen, Denkmäler in der Zukunft.
Unsre anonyme Brüderschaft kennt zwar auch das Heldentum und stellt es sehr hoch, sie schätzt aber nur den, der für seinen Glauben stirbt, nicht den, der andre für seinen Glauben sterben macht. Das, was Jesus das Reich Gottes, was die Chinesen Tao nennen, ist nicht ein Vaterland, dem auf Kosten andrer Vaterländer gedient werden soll: es ist die Ahnung vom Ganzen der Welt, samt allen ihren Widersprüchen, ist die Ahnung von der geheimen Einheit alles Lebens. Diese Ahnung oder Idee wird in vielen Bildern ausgedrückt und verehrt, sie hat viele Namen, einer von ihnen ist der Name: Gott …

Ich lernte Leute kennen, Journalisten etc., welche ganz und gar im Politischen meine Ansichten und Wünsche teilten, also eigentlich meine Genossen waren, und denen ich kaum die Hand geben konnte, so zuwider waren sie mir, so eng und eigennützig schienen sie mir. Dagegen fand ich andre, treue begeisterte Patrioten und Offiziere, Leute voll tollster Vorstellungen über Deutschlands Unschuld und Deutschlands Recht zu endlosen Annexionen etc., und es waren dennoch Menschen, denen ich die Hand geben, die ich ernst nehmen und achten konnte, denn sie waren im Wesen edel, ich konnte ihnen ihre Ideale glauben, sie waren keine Schwätzer.
Dies eine, glaube ich, werden Sie in den jetzigen Zweifeln für immer lernen können: daß Person und Programm nicht dasselbe sind, und daß man an Gegnern, ja an erklärten Feinden mehr Freude haben und mehr Gutes lernen kann als an Gesinnungsgenossen, die es nur mit dem Verstande, nur mit dem Worte sind.
Mehr kann ich nicht sagen. Ich weiß nicht, wozu Sie bestimmt sind. Sie machen hohe Ansprüche an sich. Sie fordern viel von sich, das verspricht viel. Aber Sie tun alles, was Sie tun, vorerst noch im Dienste eines dogmatischen Ideals. Sie tun es nicht um Gottes, sondern um des Vaterlandes willen, und als Rekrut von Clausewitz, Fichte, Moltke etc. Vielleicht kommen Sie einst dahin, das Schwere ganz um seiner selbst willen zu leisten, nicht weil es edel und patriotisch ist, sondern einfach weil Sie nicht anders können. Dann sind Sie nahe am Ziel, zu dem alle wirklich Strebenden unterwegs sind.

1932
Sie postulieren, daß einem Dichter, welcher das Vertrauen vieler Leser gewonnen hat, daraus die Verpflichtung zur Führerschaft erwachse. Ich gestehe, daß ich das von der deutschen Jugend so mißbrauchte Wort »Führer« geradezu hasse. Den Führer braucht und verlangt, wer selbst nicht verantworten und selber nicht denken mag. Der Dichter, soweit er in unserer Zeit und Kultur überhaupt möglich ist, kann diese Aufgabe nicht haben. Wohl soll er verantwortlich sein, wohl soll

er etwas wie Vorbild sein, aber nicht, indem er Überlegenheit, Gesundheit, Unangefochtenheit zeigt (das wäre ohne Verlegenheit wohl keinem möglich), sondern indem er unter Verzicht auf Führerschaft und »Weisheit« den Anstand und die Tapferkeit hat, sich durch das Vertrauen seiner Leser nicht in die Rolle eines Wissenden und Priesters drängen zu lassen, während er doch selbst nur ein Ahnender und ein Leidender ist.

1932

Wen Sie heute in Deutschland wählen, halte ich für einerlei, und wenn ich mitzuwählen hätte, würde ich darauf verzichten. Weder die Männer noch die Parteien verdienen, daß ihretwegen sich die Nation zerfleischt. Deutschland hat es vollkommen versäumt, seine ungeheure Mitschuld am Weltkrieg und an der heutigen Lage Europas einzusehen, sich dazu zu bekennen (ohne darum zu leugnen, daß auch die »Feinde« schwere Schuld haben), und eine moralische Reinigung und Gewissenserneuerung an sich vorzunehmen (wie zum Beispiel während des Dreyfus-Prozesses es in Frankreich geschah). Deutschland hat den harten und ungerechten Friedensvertrag dazu benützt, sich vor der Welt und vor sich selber um jede Schuld herumzulügen. Statt einzusehen, wo seine Fehler und Sünden liegen, und sie zu bessern, schwadroniert es genau wie Anno 1914 von der unverdienten Paria-Stellung, die es einnehme, wirft die Schuld an allem Übel anderen vor, bald den Franzosen, bald den Kommunisten, bald den Juden...

... Nach meiner Auffassung haben diejenigen, die sich für den Geist Deutschlands mitverantwortlich fühlen, ihrem Volk diesen Krebsschaden immer wieder zu zeigen und sich der aktuellen Politik ganz zu entziehen. Die andern Deutschen aber können ihrem Volk dadurch helfen, daß sie, statt einander sonntags totzuschlagen und Räuberles zu spielen, in ihrer Arbeit und ihrer Gesinnung nach Reinheit und Verantwortlichkeit streben.

Genug, die Sache liegt ja einfach. Wir brauchen keineswegs um jeden Preis weiter zu wursteln und an der verlogenen

Republik herumzuflicken. Wir paar Denkenden haben eine Aufgabe, die vollkommen klar ist: den Schwindel nicht mitmachen und bekämpfen, für Aufrichtigkeit und Wahrheit eintreten, und einstweilen die Politik ruhig boykottieren. Der gesamte heutige politische Apparat des Reichs muß erst wieder kaputt gehen ...

Etwa 1932
Was ich mit Rolland gemein habe, und was uns beide von der Mehrzahl der deutschen Jugend trennt, ist unsere vollkommene Abwendung von jedem Nationalismus, den wir als eine rückständige Sentimentalität und als die größte Gefahr der jetzigen Welt während der Kriegsjahre erkannt haben. Das Land, in dem drei Viertel der Jugend auf Hitler und seine dummen Phrasen schwört, ist für uns zu direkter Wirkung nahezu verschlossen, obwohl die Zeit auch darin Wandlungen bringen kann. So wie Rolland seinen Anti-Nationalismus vor allem gegen seine französischen Landsleute wendet, für die er sich eben doch schließlich mitverantwortlich fühlt, so fühle ich besonders für die jetzige deutsche Form von Nationalismus eine Abneigung und Feindschaft. Das Weglügen aller Kriegsschuld, das Verschieben aller Verantwortung für Deutschlands Zustände auf die »Feinde« und auf Versailles, erzeugt nach meiner Auffassung in Deutschland eine Luft von politischer Dummheit, Verlogenheit und Unreife, die zur Entstehung eines künftigen Krieges sehr viel beitragen wird.
Ich sehe jedoch keinerlei Möglichkeit, direkt einzugreifen. Ich muß, je mehr ich mit Zeit und Kraft sparen lernen muß, desto gesammelter mich zu der Art von Arbeit wenden, die ich als die mir bestimmte empfinde, und die eigentlich eine rein künstlerische ist. Inmitten der Entartung unsrer Sprache und Literatur streng bleiben und ein gutes Deutsch schreiben – inmitten der Schlagwort-Programme in Kunst und Politik die Grundsätze einfachen Menschentums immer wieder zu betonen und meine eigene Arbeit so verantwortlich und gut wie möglich zu tun, ist mein einziges Programm.

Es ist mir nicht gegeben, Führer zu sein und zu vielen zu reden, ich wende mich immer nur an den Einzelnen und sein Gewissen. Zur Jugend möchte ich sagen: Werdet reif und eurer Verantwortlichkeit bewußt, ehe ihr euch um die Welt und ihre Umgestaltung kümmert. Je mehr Einzelne da sind, welche dem Welttheater mit Ruhe und Kritik zuzuschauen vermögen, desto geringer ist die Gefahr der großen Massendummheiten, obenan der Kriege.

1932

In Deutschland ist es heute Sitte, daß Knaben, die noch kaum Menschen sind und kaum lesen können, irgendeine Jacke oder Mütze anziehen, sich für Mitglieder einer Partei erklären und drauflos sich am öffentlichen Leben beteiligen. Sie schreien und bringen ihr Vaterland herunter, sie machen sich und ihr Volk zum lauten Gespött der ganzen Welt, jeder einzelne von ihnen ist ein Staatsverbrecher, denn er hat seine Pflicht, etwas zu werden, etwas zu lernen, ein Kerl und Mann zu werden und selbständig denken zu lernen, versäumt und verraten, und läuft vorzeitig und vorlaut Aufgaben nach, die ihn gar nichts angehen.

Das Deutschland von 1950 wird von den paar Männern gelenkt werden, die heut noch Jünglinge sind, die diesen Schwindel nicht mitmachen, sondern sich im stillen zu Persönlichkeiten entwickeln.

Etwa 1932/33

Meine persönliche Stellung zum Kommunismus läßt sich nicht schwer formulieren. Der Kommunismus (worunter ich im Wesentlichen die Ziele und Gedanken des alten Marxischen Manifestes verstehe) ist im Begriff, seine Verwirklichung in der Welt durchzusetzen, die Welt ist reif dafür, seit nicht nur das kapitalistische System so deutliche Zeichen des Verfalles zeigt, sondern namentlich auch seit die »Mehrheits«-Sozialdemokratie die revolutionäre Fahne vollkommen verlassen hat.

Ich halte nicht nur den Kommunismus für berechtigt, sondern ich halte ihn für selbstverständlich – er würde kommen und siegen, auch wenn wir alle dagegen wären. Wer heute auf Seiten des Kommunismus steht, der bejaht die Zukunft.

Außer diesem Ja, das mein Verstand zu Ihrem Programm sagt, hat auch, seit ich lebe, eine Stimme in mir für die Leidenden gesprochen, ich bin immer für die Unterdrückten gegen die Unterdrücker, für den Angeklagten gegen die Richter, für die Hungernden gegen die Fresser gewesen. Nur hätte ich allerdings diese mir natürlich scheinenden Gefühle niemals kommunistisch genannt, sondern eher christlich.

Also: ich glaube mit Ihnen, daß der marxistische Weg über den sterbenden Kapitalismus hinweg zur Befreiung des Proletariates der Weg der Zukunft ist, und daß die Welt ihn gehen muß, sie mag wollen oder nicht.

Soweit sind wir einig.

Nun aber fragen Sie vermutlich: Warum ich, wenn ich doch an die Richtigkeit des Kommunismus glaube und es mit den Unterdrückten gut meine, denn nicht mit Ihnen in den Kampf ziehe und meine Feder in den Dienst Ihrer Partei stelle.

Darauf ist schwieriger zu antworten, denn hier handelt es sich um Dinge, die für mich heilig und bindend sind, die aber für Sie kaum existieren. Ich lehne es vollkommen und entschieden ab, als Parteimitglied einzutreten oder meine Schriftstellerei in den Dienst Ihres Programms zu stellen, obwohl die Aussicht auf Brüder und Kameraden, auf die Gemeinschaft mit einer Welt von Gleichgesinnten lockend genug wäre.

Aber wir sind eben nicht gleichgesinnt. Denn wenn ich auch Ihre Ziele billige, oder, um deutlich zu sein: wenn ich auch daran glaube, daß der Kommunismus reif ist, die Herrschaft und damit die ungeheure Verantwortung zu übernehmen, beginnend mit dem Aufsichladen von Blut und Krieg – so ist das für mich nicht anders als wenn ich im November daran glaube, daß jetzt bald der Winter kommt. Ich glaube an den Kommunismus als Programm für die kommende Menschheits-Stunde, ich halte ihn für unentbehrlich und unumgänglich. Aber ich glaube deswegen keineswegs daran, daß der

Kommunismus auf die großen Lebensfragen bessere Antworten habe als irgend eine frühere Weisheit. Ich glaube, daß er nach hundert Jahren Theorie, und dem großen russischen Versuch, jetzt nicht nur das Recht, sondern die Pflicht habe, sich in der Welt zu verwirklichen, und ich glaube und hoffe aufrichtig, daß es ihm gelingen werde den Hunger abzuschaffen und einen großen Alpdruck von der Menschheit zu nehmen. Aber daß damit das geleistet werde, was die Religionen, Gesetzgebungen und Philosophien früherer Jahrtausende nicht leisten konnten, das glaube ich nicht. Daß der Kommunismus über die Verkündigung vom Recht eines jeden Menschen auf Brot und auf Geltung hinaus Recht habe und besser sei als irgend eine frühere Glaubensform, das glaube ich nicht. Er hat seine Wurzeln im neunzehnten Jahrhundert, mitten im Boden der dürrsten und dünkelhaftesten Verstandesherrschaft, eines besserwissenden, phantasielosen und lieblosen Professorentums. Karl Marx hat das Denken in dieser Schule gelernt, seine Geschichtsbetrachtung ist die eines Nationalökonomen, eines großen Spezialisten, aber sie ist keineswegs »sachlicher« als irgend eine andre Art der Betrachtung, sie ist außerordentlich einseitig und unelastisch: ihre Genialität und Rechtfertigung liegt nicht in ihrem höheren Rang an Geist, sondern in ihrer Entschlossenheit zur Tat.
Wenn wir heute 1831 schreiben würden statt 1931, so würde ich wahrscheinlich als Dichter und Schriftsteller sehr stark von den Wehen und Erschütterungen des Morgen und Übermorgen beunruhigt sein und würde der Erkenntnis des sich vorbereitenden Umsturzes für eine gewisse Zeit alle meine Kräfte widmen. So hat es damals der Dichter Heinrich Heine getan, und er wurde für eine gewisse Zeit, vielleicht für die fruchtbarste seines Lebens, in Paris der Freund und Mitarbeiter des jungen Karl Marx. Heute aber würde der selbe Heine sich eben auch wieder mehr für das Morgen und Übermorgen interessieren als für die Ausführung dessen, was längst als richtig und ausführenswert erkannt ist. Er würde heute ohne Weiteres erkennen, daß der Sozialismus seine Schule hinter sich hat und entweder die Weltherrschaft antreten muß oder erledigt ist. Und er würde diesen Vorgang, die kommunisti-

sche Welteroberung, billigen und richtig finden, würde aber keinen Antrieb spüren, an diesem mit voller Wucht rollenden Wagen selber mitzuziehen.

Der Dichter ist weder etwas Besseres noch etwas Geringeres als der Minister, als der Ingenieur, als der Volksredner, aber er ist etwas vollkommen anderes als sie. Ein Beil ist ein Beil, und man kann damit Holz spalten oder auch Köpfe. Eine Uhr aber oder ein Barometer sind zu anderen Zwecken da, und wenn man mit ihnen Holz oder Köpfe spalten will, gehen sie kaputt, ohne daß irgend jemand davon Nutzen hat.

Es ist hier nicht der Ort, um die Aufgaben und Funktionen des Dichters, als eines besonderen Werkzeuges der Menschheit, aufzuzählen und zu erklären. Er ist vielleicht eine Art von Nerv im Körper der Menschheit, ein Organ um auf zarte Anrufe und Bedürfnisse zu reagieren, ein Organ zum Wecken, zum Warnen, zum Aufmerksammachen. Aber er ist nicht ein Organ, um damit Plakate zu verfassen und anzunageln, er eignet sich nicht zum Ausrufer auf dem Markt, denn seine Stärke liegt ja gar nicht in der lauten Stimme, das kann Hitler viel besser. Jedenfalls aber, seine Aufgaben mögen nun diese oder jene sein: einen Wert hat er nur dann und ernst zu nehmen ist er nur dann, wenn er sich nicht verkauft und nicht mißbrauchen läßt, wenn er lieber leidet oder stirbt als dem untreu zu werden, was er als seine Berufung in sich fühlt.

Karl Marx hat für die Dichtung und Kunst der Vergangenheit, z. B. für die griechische, recht viel Verständnis gehabt, und wenn er je in irgend einem Punkt seiner Lehre vielleicht nicht vollkommen aufrichtig war, dann war es darin, daß er trotz besseren Wissens die Künste nicht als ein Organ der Menschheit anerkannte, sondern bloß als ein Stückchen vom »ideologischen Überbau«.

Nein, ich möchte euch Kommunisten im Gegenteil eher vor Dichtern warnen, die sich euch anbieten, die sich zu Ausrufern und Mitkämpfern eignen. Der Kommunismus ist eine sehr wenig dichterische Angelegenheit, er war es schon bei Marx und ist es heute noch viel mehr. Der Kommunismus wird, wie jede große Welle materieller Macht, sogar die Poesie sehr in Gefahr bringen, er wird wenig Sinn für Qualität haben und mit ruhigem Schritt eine Menge von Schönem tottreten, ohne es zu bedauern. Er wird allerlei Umsturz und Neuordnung bringen, bis das neue Haus für die neue Gesellschaft gebaut ist, es wird viel Schutt herumliegen und wir Künstler werden als Handlanger dabei nicht am rechten Orte sein. Man wird noch mehr über uns und unsre zarten Sorgen lachen und uns oft noch weniger ernst nehmen als es im Zeitalter des Bourgeois geschah.

Aber es wird im neuen Hause der Menschheit sehr bald wieder Unzufriedenheit entstehen und sobald die Furcht vor dem Hunger gebannt ist, wird sich zeigen, daß auch der Zukunft- und Massenmensch eine Seele hat, und daß diese ihre Arten von Hunger und Bedürfnis, von Trieb und Zwang in sich ausbildet, und daß die Triebe, Bedürfnisse, Wünsche und Träume dieser Seele einen überaus großen Anteil an allem haben, was die Menschheit denkt und tut und anstrebt. Und wenn dann Seelenverständige da sein werden: Künstler, Dichter, Versteher, Tröster, Wegweiser, so wird es gut für die Menschheit sein.

Im Augenblick sind Eure Aufgaben klar zu erkennen. Ihr Kommunisten habt ein klares Programm zu erfüllen, und habt Euch dafür einzusetzen. Im Augenblick scheinen Eure Aufgaben viel klarer, viel notwendiger und ernster als die unsern. Das wird sich wieder ändern, wie es sich schon oft geändert hat.

Ihr werdet mit dem Recht des Kriegführenden vielleicht diesen oder jenen Dichter totschlagen, weil er für Eure Feinde Kampflieder dichtet; wahrscheinlich wird sich nachher zeigen, daß es gar kein Dichter war, sondern bloß ein Plakatverfasser. Aber Ihr werdet Euch zu Eurem Schaden täuschen, wenn Ihr glaubt ein Dichter sei ein Instrument, dessen sich die jeweils herrschende Klasse beliebig im Sinn eines Sklaven oder eines käuflichen Talentes bedienen könne. Ihr würdet mit dieser Meinung mit Euren Dichtern schwer hereinfallen und es würden gerade die wertlosen an Euch hängen bleiben. Die echten Künstler und Dichter aber werdet Ihr, falls Ihr

Euch später einmal darum bekümmern wollt, daran erkennen, daß sie einen unbändigen Drang nach Unabhängigkeit haben und sofort zu arbeiten aufhören, wenn man sie zwingen will, die Arbeit anders als allein nach dem eigenen Gewissen zu machen. Sie werden weder für Zuckerbrot noch für hohe Ämter käuflich sein, und sich lieber totschlagen als mißbrauchen lassen. Daran werdet Ihr sie erkennen können.

10. Juli 1932
...Was Du über manche Kommunisten sagst, welche sich im täglichen Leben als gute, hilfsbereite Menschen bewähren, das ist ganz richtig. Ich habe manche Kommunisten zu Freunden, und es sind solche darunter. Nur hat das mit ihrer Partei und ihrem Glaubensbekenntnis gar nichts zu tun. Es kann einer in jeder Partei und unter jedem Dogma der Welt ein guter oder schlechter Mensch sein, das war immer so, und ist ja eigentlich eine Binsenwahrheit.
Sich zum Kommunismus bekennen, heißt dagegen für den, der von sich selber gedankliche Rechenschaft fordert, die Frage: »Will und billige ich die Revolution? Kann ich Ja dazu sagen, daß Menschen totgeschlagen werden, damit andre Menschen es dann vielleicht etwas besser haben?« Dort liegt das gedankliche Problem. Und für mich, der ich den Weltkrieg bewußt und bis zur Verzweiflung gedanklich habe mit erleiden müssen, ist die Frage ein für allemal gelöst: Ich gestehe mir das Recht zur Revolution und zum Totschlag nicht zu. Das hindert nicht, daß ich die Volksmenge, welche irgendwo totschlägt und in Not und Wut explodiert, für unschuldig halte. Ich selber aber wäre, wenn ich dabei mittäte, nicht unschuldig, denn ich würde einen der wenigen unbedingt heiligen Grundsätze verleugnen, die ich habe ...

Mitte März 1933
...Die Änderung Ihres Standpunktes und Denkens kann ich verstehen. Ich kenne den Ruf, der uns zur Masse und zum aktuellen Mitkämpfen ruft, sehr gut, und bin mehrmals

nahe daran gewesen, ihm zu folgen. Bei der deutschen Revolution war ich ohne Vorbehalt auf Seite der Revolution ... Außerdem habe ich Freunde überall in der Linken und nahe Freunde gerade bei den deutschen Linken. Die Betten sind auch bei mir gerüstet, und ich erwarte morgen den ersten aus Deutschland entkommenen Gast.

Etwas anderes aber ist meine Einsicht in die Ungerechtigkeit der Zustände und meine Auffassung über die Änderung derselben. Ich habe den Krieg 1914–18 so intensiv und bis nahe zur Vernichtung erlebt, daß ich seither über eines vollkommen und unerschütterlich im klaren bin: daß ich, für meine Person, jede Änderung der Welt durch Gewalt ablehne und nicht unterstütze, auch nicht die sozialistische, auch nicht die scheinbar erwünschte und gerechte. Es werden immer die Falschen totgeschlagen, und auch wenn es die Rechten wären: an die bessernde und entsühnende Kraft des Totschlagens glaube ich nun einmal nicht, und sehe in der Zuspitzung der Parteikämpfe zum Bürgerkrieg zwar wohl die Kraft des Entschlusses, die moralische Spannung des »Entweder-Oder«, aber ich lehne die Gewalt ab. Die Welt ist krank an Ungerechtigkeit, ja. Sie ist noch viel mehr krank aus Mangel an Liebe, an Menschentum, an Brudergefühl. Das Brudergefühl, das dadurch genährt wird, daß man zu Tausenden marschiert und Waffen trägt, ist mir sowohl in der militärischen wie revolutionären Form nicht annehmbar ...

Ich rate keinem ab, sich einer Partei anzuschließen, sage aber jedem, daß, wenn er es zu jung tut, er Gefahr läuft, nicht bloß das eigene Urteil zu verkaufen gegen die Annehmlichkeit, von Genossen umgeben zu sein, sondern – (der Satz wurde durch Besuch unterbrochen, ich beginne neu): sondern ich weise jeden, auch meine Söhne, vor allem darauf hin, daß Zugehörigkeit zu Programm und Partei kein Spiel sein darf, sondern volle Gültigkeit haben muß: daß also, wer sich auf Revolution einläßt, nicht bloß selber mit Leib und Leben seiner Sache zur Verfügung stehen, sondern auch zum Töten, zum Schießen, zum Maschinengewehr und Gas entschlossen und fähig sein muß. Ich gebe jungen Menschen oft die Literatur der revolutionären Linken zu lesen, aber wenn darüber gesprochen wird, und das übliche verantwortungslose Schimpfen auf den Bürger, den Staat und den Faschismus losgeht (die ich natürlich alle zum Teufel wünsche), dann erinnere ich an die Gewissensfrage: daß man bereit zum Töten sein muß, und nicht bloß zum Töten von solchen, die man als Verbrecher kennt und haßt, sondern zum Blindlings-Töten, zum Schießen in Massen. Meinerseits bin ich dazu nicht bereit, unter keinen Umständen, und bin darin Christ, daß ich im Notfall durchaus das Getötetwerden dem Töten vorziehe, aber ich habe nie einen andern, auch nicht meine Söhne, beim Entscheid in dieser letzten Gewissensfrage irgend zu beeinflussen gesucht.

Ich erwarte in einer Stunde einen bekannten antifaschistischen Autor* und morgen den ersten Flüchtling aus Deutschland. Die Wellen reichen auch hierher, ich kann mich ihnen beinahe ebensowenig entziehen wie Anno 14. Nur bin ich meines persönlichen Gewissens jetzt sicherer ...

... Ein letztes Mal mußte ich das alles durchprüfen während der deutschen Revolution, als mir dort eine Tätigkeit angeboten wurde. Bei aller Sympathie für Landauer etc. blieb ich beiseite. Da stehe ich noch immer, und von Ihnen aus gesehen ist das vielleicht Stagnation, für mich war und ist es von Tag zu Tag Leben, Wandlung und Prüfung.

Pfingsten 1933

Mit der spezifisch deutschen Art von Vaterlandsliebe erlebt man jetzt manche wunderliche und rührende Beispiele. Es gibt hinausgeworfene Juden und Kommunisten, darunter solche, die in der Kollektivhaltung eines unsentimentalen Heroismus schon ganz hübsche Fortschritte gemacht hatten und welche jetzt, kaum eine kleine Weile in der Fremde und Unsicherheit lebend, an einem geradezu rührenden Heimweh leiden. Ich kann es begreifen, wenn ich daran denke, wie schwer es mir in der Zeit des Krieges fiel und wie lang ich dazu brauchte, in mir selbst mit dem sentimentalen Teil der Deutschlandliebe aufzuräumen.

* Bertolt Brecht besuchte Hesse in Montagnola auf dem Weg in die Emigration.

Ich muß gestehen, daß ich diesmal die deutschen Vorgänge nicht so heftig miterlebe wie damals im Krieg, weder um Deutschland bange noch mich für Deutschland schäme, sondern eigentlich wenig berührt bin. Ich hänge, je mehr das Gleichschalten Schlagwort wird, desto inniger an meinem Glauben ans Organische und an die Berechtigung und Unentbehrlichkeit auch solcher Funktionen, welche vom Kollektivbewußtsein verabscheut werden. Darüber, ob mein Denken und Tun deutsch sei oder nicht, habe ich ja gar nicht zu urteilen. Ich kann aus dem Deutschtum, das ich habe, ja nicht heraus, und ich glaube, daß mein Individualismus und auch mein Widerstand und Haß gegen gewisse deutsche Allüren und Phrasen Funktionen sind, bei deren Ausübung ich nicht bloß mir, sondern meinem Volk diene.

Etwa 1933

Ernst nehme ich nur den Menschen als Einzelnen, als Persönlichkeit, und wie es scheint, ist der Weg dazu heute noch schwerer, als er schon zur Zeit meiner Jugend war. Im übrigen aber hat er seinen Sinn und auch sein Gesicht wohl doch nicht verändert, denn die eigentlich menschlichen Schicksale ändern sich kaum in Jahrhunderten.

Geändert haben sich nur die Verlockungen, die heute den jungen Menschen dazu bringen wollen, den schweren Weg zum eigenen Selbst schon früh aufzugeben und sich dafür einer Gemeinschaft, einem scheinbar hohen und edlen Ziel hinzugeben. Wie ich sehe, sind bei Ihnen diese Verlockungen nicht in der groben Gestalt politischer Programme und Scheinideale erschienen, dazu sind Sie schon zu sehr Person geworden. Aber sie neigen dazu, sich den kleineren, mehr idealistischen Gemeinschaften hinzugeben: den Vegetariern, Siedlern, Lebensreformern usw. Ganz einerlei, ob die Ideale dieser Gemeinschaften an sich edel und gut sind oder nicht, sie bedeuten doch für junge Menschen Ihrer Art eine Gefahr: nämlich auch diese kleineren und idealeren Gemeinschaften wollen Sie vor der Zeit formen und abstempeln, erziehen und einreihen, und dieser Gefahr sollen Sie auch gar nicht davonlaufen und allein bleiben, aber Sie sollen je und je daran denken, daß Ihr voller Menschenwert erst dann erreicht ist und wirksam werden kann, wenn Sie sich wirklich so weit zu einer Persönlichkeit, einem Charakter entwickelt haben, als Ihnen möglich ist. Sie sollen also die Ideale und Ziele solcher Gemeinschaften und ihrer Führer niemals gleich ernst nehmen wie Ihr eigenes Werden. Sie werden zwar, wenn Sie etwas taugen, Ihre Person später gewiß hohen und menschlichen Zielen unterordnen, aber erst wenn Sie den Ihnen möglichen Grad von Menschwerdung erreicht haben.

Darum: Nehmen Sie die Programme und Gedankeninhalte der Bünde, Gemeinschaften etc. nicht allzu wichtig, nehmen Sie aber die Ihnen begegnenden Führer ernst, und verlassen Sie sie erst, wenn Sie deutlich fühlen, daß sie Ihnen nichts mehr zu geben haben und unterlegen sind. Nicht an den allgemeinen Ideen, sondern an den Menschen, an den »Führern«, an denen, die Ihnen vorerst noch als Personen überlegen sind, müssen Sie sich bewähren und messen, und wenn es dabei Verzweiflungen und Selbstmordgelüste gibt, so soll Sie das nicht abschrecken, gehn Sie auf die Hölle los, sie ist überwindbar.

21. April 1933

Aber ich sehe aus dem allen einen Weg für Sie und für uns weiterführen, einen Weg ins Europäische aus dem Deutschen und ins Überzeitliche aus dem Aktuellen. In dieser Hinsicht halte ich den Zusammenbruch der deutschen Republik und der Hoffnungen, die Sie auf sie setzten, nicht für unerträglich. Es ist etwas zusammengebrochen, was nicht recht lebendig war. Und es wird für den deutschen Geist eine fruchtbare Schule sein, wenn er wieder in offene Opposition zum offiziellen Deutschland kommt.

29. September 1933

... Die traurige Mentalität der deutschen Juden ist mir leider seit langem bekannt, ihr Verhalten gegen die Ostjuden war schon lang vor Hitler ein Verrat und eine Schande, beinah möchte man sagen: »es geschieht ihnen recht«, wenn das nicht gegenüber ihrer jetzigen Lage unerlaubt roh wäre. Aber wir dürfen nicht vergessen: Juden wie Deutsche haben neben ihrer rohen, dummen und feigen Mehrheit auch eine feine, weise und tapfere Minderheit, mag sie noch so klein sein. Allein das Vorhandensein einer Person wie Martin Buber ist ein Trost und Glück. Er hat sich in seinen letzten Schriften und seinem Verhalten seit Jahren zu einer Reinheit, Klarheit und Sicherheit des Standpunkts entwickelt, und ist heute, als Jude und für die kleine Minderheit der geistigen Juden, ein Sammler und Kraftspender geworden, er hat sich weder der deutschen noch der feigen deutsch-jüdischen Art auch nur um einen Schritt gefügt.

Diese kleinen Minderheiten und Herde von Geist und Frömmigkeit sind es, für die ich heute ein lebendiges Mitwissen und Mitschwingen und stilles Mittragen und Mitarbeiten habe. Für meinen kleinen persönlichen Lebenskreis zum Beispiel wird meine Verbindung mit Deutschland mir beinah täglich bestätigt durch die Briefe von Lesern, namentlich ganz jungen Lesern, die sich in einer oft argen Unsicherheit, aber meist mit rührendem Vertrauen an mich wenden, um in ihren Lebenskrisen irgend eine Bestätigung oder Korrektur zu suchen. Und diese Briefe, seit zwanzig Jahren mein einziger realer Beweis für den Sinn meiner Existenz und Arbeit, und zugleich meine tägliche Last und Plage – diese Briefe von jungen deutschen Lesern haben sich seit dem März 1933 in nichts geändert, nicht einmal seltener sind sie geworden. Nach wie vor kämpfen jene Schichten der Jugend, denen ein rasches Aufgehen in der Masse und Uniform nicht möglich ist, ihren Kampf um Licht und Geist, wozu oft die bitterste materielle Not kommt, lesen Arbeitslose in Leihbibliotheken ein Buch, das sie anpackt, beginnen nachzudenken, suchen den Weg zum Autor, verlassen ihn vielleicht bald wieder, weil er für sie nicht als Ratgeber oder Vorbild, nur als Erwecker in Betracht kam, und an dieser Stelle, als Sprecher für eine kleine Minderheit von Menschen, die um Sinngebung und Zielsetzung ringen, an dieser Stelle bin ich nach wie vor mit

dem deutschen Volk verbunden und habe in ihm eine Funktion. Manche dieser Leute finden auch persönlich den Weg bis Montagnola, erscheinen eines Tages hier, sprechen für eine Stunde oder einen halben Tag vor, sind zu Fuß oder per Rad hergekommen, und geben, ebenso wie die Briefe, sowohl Sorgen wie Freude, und im ganzen wird für mich daraus eine langsam und stetig wachsende Verantwortlichkeit, die mich manchmal schwer drückt, manchmal auch hält und freut.
Andererseits begreifen viele meiner Freunde nicht, daß ich nicht Partei ergreife, mich weder in Deutschland einordne noch der Opposition anschließe. Ich hätte zu letzterem oft Lust, aber nur für Augenblicke. Wozu die Proteste? Wozu die witzigen Aufsätze über Hitler oder über die deutsche Unteroffiziersbegabung? Was geht sie mich an? Ich kann sie nicht ändern. Ich kann aber allen denen ein wenig helfen, die gleich mir die ganze säuische Machtstreberei und Politik in ihrem ganzen Tun und Denken sabotieren, und Inseln des Menschentums und der Liebe bilden inmitten von Teufeltum und Totschlag. Daß Sie, in Ihrer von mir sehr geliebten straffen Art, inmitten der Hölle aktiv geworden sind und selber eingegriffen und Gutes gestiftet haben, ist mir eine herzliche Freude.

4. Februar 1933
... Ich mag Ihnen keine Predigten halten zu Ihrem lieben Brief. Ich war auch einmal jung, und auch für mich hatte das Wort »kämpfen« einen jubelnden und edlen Klang – im Jahr 1914 zwang mich die Welt, darüber einige Jahre lang gründlich nachzudenken. Das »Kämpfen« ist aber gerade das, was Sie trotz andrer Formulierungen mit den Nazis etc. verbindet.
Der Abendländer, und besonders seine dümmste und wildeste, kriegerischeste Form, der »faustische Mensch« (das heißt: der Deutsche, der aus seinen Inferioritäten durch Maulaufreißen Tugenden gemacht hat) – also der Abendländer liebt und lobt das Kämpfen sehr, Raufen ist ihm Tugend, und das hat ja etwas infantil Hübsches und Rührendes. Solang Bauernsöhne aus Überfluß an Drang und Blut ein-

ander verhauen oder hie und da auch zu Tod hauen, ist es ein hübscher Kindersport. Aber schon wenn organisierte Horden das gleiche tun (siehe Nazi), sieht es unangenehmer aus. Die schlimmste Form des »Kämpfens« aber ist die staatlich organisierte, wie sie damals Anno 14 losbrach, und die dazu gehörige Philosophie des Staates, des Kapitals, der Industrie und des faustischen Menschen, dessen Erfindung diese Dinge sind.

Mitte Juli 1933
Sehr merkwürdig sind mir die Briefe aus dem Reich, die ich von Anhängern des Regimes bekomme, sie sind alle in einer Temperatur von etwa 42 Grad geschrieben, rühmen in großen Worten die Einigkeit, ja sogar die »Freiheit«, die jetzt im Reich herrsche, und schreiben in der nächsten Zeile wütend über das Saupack von Katholiken oder Sozialisten, dem man es jetzt zeigen werde. Es ist Kriegs- und Pogromstimmung, freudig und schwer betrunken, es sind Töne von 1914, ohne die damals noch mögliche Naivität. Es wird Blut und anderes kosten, es riecht sehr nach allem Bösen. Dennoch rührt mich zuweilen die blauäugige Begeisterung und Opferbereitschaft, die man bei vielen spürt.

11. Februar 1934
... Den politischen Ereignissen des Jahres gegenüber verhielt ich mich still und neutral, ich lebe seit zweiundzwanzig Jahren in der Schweiz und bin Schweizer, und habe auch als solcher nicht viel Nationalismus in mir. Daß man in solchen Zeiten »bei seinem Volk stehen« müsse, wie auch Du es ausdrückst, mag schon richtig sein, aber man kann das auf viele Arten tun. Durch Mitschreien bei dem großen Geschrei und Mithassen bei all den Pogromen gegen die Juden und den Geist, gegen Christentum und Menschentum nützt man ja seinem Volk wenig, für das »Volk« sind die »großen Zeiten« ja immer die des Hassens und der Kriegsbereitschaft. Wir Geistigen, auch wenn wir uns dadurch unbeliebt machen, soll-

ten dazu schweigen, solang es möglich ist, und sollten zwar zum Volk, nicht aber zu seinen Leidenschaften, Roheiten und Gemeinheiten stehen, dazu sind wir nicht da.

An den Verlag Philipp Reclam junior, Leipzig

der mir einige »zeitgemäße« Änderungen an meiner »Bibliothek der Weltliteratur« nahelegte.

13. Dezember 1934
Ich sehe aus dieser Schwierigkeit nur zwei Auswege. Der einfachste, zu dem ich auch gern bereit bin, ist der: daß Sie mir nach Verkauf der jetzigen Auflage das Werkchen wieder freigeben, und es vorerst nicht wieder erscheint.
Der zweite wäre der: daß Sie meinen alten Text, abgesehen von einigen zu korrigierenden Druckfehlern, unverändert neu drucken. Ich wäre dann damit einverstanden, daß Sie diejenigen Ausgaben der Bibliographie, welche nicht mehr käuflich sind oder welche durch ebenso gute Ausgaben Ihres Verlags ersetzt werden können, in der Bücherliste meines Büchleins ändern.
Ausdrücklich aber müßte ich mir in diesem Fall ausbedingen, daß weitere Änderungen an der Bücherliste, zum Beispiel Weglassung jüdischer Autoren etc. nicht vorgenommen werden dürfen. Sie deuten eine ganze Reihe solcher Weglassungen als wünschenswert an, und ich verstehe Ihren Standpunkt, er ist aber nicht der meinige. In diesem Punkte sind Konzessionen mir unmöglich.

17. Januar 1935
Aus verschiedenen Gründen, hauptsächlich aber wegen der kollegialen Verständigung, muß ich dazu Stellung nehmen und den leichtfertigen Beleidiger des Verlags Fischer dementieren. Er hat sich gründlich getäuscht. Auch sollte und könnte er wissen, daß der Verlag Fischer, samt seiner »Neuen Rundschau«, in Deutschland heute einen der paar Orte bildet, an welchen Verstand und menschliche Gesittung mitten im Chaos noch eine Zuflucht haben. Unter andrem besteht ein Haupt-

teil meiner Arbeit seit zwei Jahren darin, in meinen Bücherberichten in der »Rundschau« gerade diejenigen Bücher anzuzeigen, die kein einziges Blatt des Reichs mit dem gleichen Freimut anzuzeigen wagt: die Bücher von Juden, Katholiken, Protestanten, deren Gesinnung und Geist dem herrschenden System entgegen ist und die gute Tradition und intellektuelle Ehrlichkeit zu wahren bemüht ist.
Sie sollten, scheint mir, unsere ehrlichen Bemühungen, die oft nicht ohne Gefahr sind, nicht nur nicht durch so törichte Anwürfe sabotieren, sondern sich ihrer freuen. Die »Rundschau« ist zum Beispiel von sämtlichen deutschen Blättern, deren Mitarbeiter ich früher war, heute das einzige, das meine Aufsätze über Juden, Katholiken etc., soweit sie geistig dem Gewaltregime Widerstand leisten, noch zu drucken wagt. Alle andern haben versagt. Und der alte, nicht »jüdische« Verlag Reclam in Leipzig hat mir kürzlich zugemutet, in meinem Büchlein über Weltliteratur, das bei ihm erschienen ist, für die nächste Auflage alles umzuarbeiten, fast alle Juden zu streichen etc. Natürlich habe ich das abgelehnt.

12. Februar 1936
Nun, Marxist bin ich zwar nie gewesen, ich bin ja auch gleich Ihnen des öfteren Zielscheibe von Angriffen aus jenem Lager, doch bin ich ebensowenig Anhänger des Kapitalismus und Wortführer der besitzenden Klasse – auch dies wäre Politik und Partei, und meine Stellung ist bis zum Fanatismus a-politisch. Was ferner die Juden betrifft so bin ich nie Antisemit gewesen, obwohl auch ich gegen manches »Jüdische« gelegentlich Ariergefühle habe. Ich halte es nicht für die Aufgabe des Geistes, dem Blut und der Rasse den Vorrang einzuräumen, und wenn Juden wie S. widerlich sind, so sind es Arier wie Streicher oder W. Vesper und hundert andere wahrlich nicht weniger. Geht es den Juden gut, so kann ich recht wohl einen Witz über sie ertragen. Geht es ihnen schlecht – und den deutschen Juden geht es heute höllisch schlecht – dann ist für mich die Frage für wen ich empfinden solle, für die Opfer oder die Verfolger sofort entschieden. Darum habe

ich in meinen Stockholmer Literaturberichten auch die Emigrantenliteratur betreut, was ich jetzt so teuer bezahle. Sie erwarten von mir, ich als Dichter möge endlich auch einmal ein Minimum an Heroismus zeigen und Farbe bekennen. Aber lieber Kollege: Dies habe ich seit dem Jahr 1914, wo mein erster Kriegsaufsatz mir die Freundschaft Rollands eingebracht hat, ununterbrochen getan. Ich habe nun seit 1914 stets die Mächte gegen mich gehabt, die ein religiöses und ethisches (statt politisches) Verhalten nicht erlauben wollen, ich habe hunderte von Zeitungsangriffen und tausende von Haßbriefen seit meinem Erwachen in der Kriegzeit zu schlucken bekommen, und ich habe sie geschluckt, habe mein Leben davon verbittern, meine Arbeit erschweren und komplizieren, mein Privatleben flöten gehen lassen, und immer war ich nicht nur von einer Front her bekämpft um dafür von einer andern beschützt zu werden, sondern immer haben beide Fronten mich, den zu keiner Partei gehörenden, gern zum Objekt ihrer Entladungen gewählt. So werde ich ja auch heute wieder gleichzeitig von den Emigranten und vom Dritten Reich angepöbelt. Und ich bin der Meinung, das Stehen auf diesem Posten des Outsiders und Parteilosen sei mein Platz, wo ich mein bißchen Menschentum und Christentum zu zeigen habe.

1. Februar 1937

Daß ein Künstler oder Intellektueller ein Lump ist, wenn er seine echten Gefühle und Meinungen aus Opportunismus verleugnet und andere vortäuscht, darin sind wir ja einig. Daß aber zum Beispiel heutzutage ein Künstler dadurch besser wird, daß er sich einer Partei verschreibt oder verkauft, kannst Du nicht im Ernst glauben.

Leid tut mir nur, daß ich in Deinen Augen auch so ein Mann bin, der die Kunst für etwas Privates hält und weder Gut noch Böse, nur »Genial« oder »Ungenial« etc. kennt! Hast Du wirklich nie etwas von mir gelesen? Hast Du wirklich nie gefühlt, daß es mir damit ernst ist, daß ich die Programme und fertig formulierten »Gesinnungen« nur darum ablehne, weil sie die Menschen unendlich verdummen, und daß ich für Gut und Böse ein ziemlich zartes Gewissen habe? Lieber H., ich könnte heute, statt von allen extremen Parteien angespuckt zu werden, Erfolg und Einfluß in Menge haben, wenn ich mich einer Partei anschlösse ... Der einzige heutige Dichter von hohem Rang, der sich am Ende seines Lebens zum Kommunismus bekannte, ist André Gide* – ich meine: der einzige, den ich selber ernstnehme. Er hat, resigniert und tief enttäuscht, seine Stimme und seinen Namen den Kommunisten gegeben, und ist als Dichter erloschen, vielmehr er hat sich zurückgezogen und schweigt.

Es hat im Laufe der Jahrhunderte tausend »Gesinnungen« und Parteien und Programme gegeben, tausend Revolutionen, sie haben die Welt verändert und (vielleicht) vorwärts gebracht. Aber keines ihrer Programme und Bekenntnisse hat seine Zeit überdauert. Die Bilder und Worte einiger echter Künstler und auch die Worte einiger echter Weiser und Liebender und Sichopfernder haben die Zeiten überdauert, und tausendmal hat ein Wort Jesu, oder ein Wort eines griechischen oder andern Dichters, nach Jahrhunderten noch Menschen getroffen und aufgeweckt, und ihnen den Blick für das Leid und das Wunder des Menschentums geöffnet. In der Reihe dieser Liebenden und Zeugen ein kleiner, einer von Tausenden zu sein, wäre mein Wunsch und Ehrgeiz, nicht aber für »genial« und dergleichen zu gelten.

Anfang Februar 1938

Da schon alte Institutionen wie die konfessionellen Kirchen mit ihrem ganzen Apparat sich heute zu schwach zeigen, dem politischen Immoralismus Widerstand zu leisten, da das protestantische Deutschland das Großwerden des Hakenkreuzes nicht hindern konnte, der Papst mit dem Duce paktiert hat, und italienische Kriegsschiffe von Erzbischöfen geweiht werden – wie soll da der gute Wille und Idealismus von uns Einzelnen, einer unorganisierten und zum großen

* André Gides Zugehörigkeit zur Partei hat nur kurz gedauert.

Teil aus Unorganisierbaren bestehende Schar Gutgesinnter, Einfluß auf die Welt gewinnen? Ich glaube, daß der Mechanismus des modernen Staates und der modernen, gott- und geistfernen Menschheit sich in sich selbst auflösen, in Kriegen etc. austoben und zertrümmern muß, ehe Neubildungen möglich sind.
So spreche ich als alter Mann. Aber ich weiß und glaube auch das Gegenteil, nämlich daß jeder von uns trotz aller offensichtlichen Unmöglichkeiten das Seine tun und das Unmögliche mit seinen Mitteln anstreben soll, auch wenn es nirgends hinführt als in ein Martyrium – dies kann ja unter Umständen die wirksamste Art von Opfer sein. So strebe ich, als Dichter, danach, einer kleinen Anzahl von Menschen, die gerade mich verstehen und meinem Einfluß erreichbar sind, inmitten der Geld- und Kriegsmaschinerie, zu der die Welt geworden ist, ein beseeltes Leben, oder doch die Sehnsucht nach ihm, zu erhalten. Inmitten der Kanonen und Lautsprecher unsre kleinen Flöten spielen, die Aussichtslosigkeit unsres Tuns und auch seine Lächerlichkeit auf uns nehmen, das muß unsere Form von Tapferkeit sein.

Juli 1938
Ich sehe im übrigen die heutige Welt wie ein Irrenhaus und ein schlechtes Sensationsstück an, oft bis zum tiefsten Ekel degoutiert, aber doch so wie man Irre und Besoffene ansieht, mit dem Gefühl: wie werden die sich schämen, wenn sie eines Tages wieder zu sich kommen sollten!
Im übrigen werde ich immer dümmer, und sehe nur noch mit Erstaunen, nicht mehr mit eigentlichem Verstehenwollen zu, wie noch die kindischesten, ja viehischesten politischen Triebe sich als »Weltanschauungen« etc. geben, ja die Gebärden von Religionen annehmen. Diese Systeme haben mit dem so sehr viel geistvolleren Marxischen Sozialismus das gemein, daß sie den Menschen für nahezu unbegrenzt politisierbar halten, was er nicht ist – ich halte die Krämpfe der heutigen Welt großenteils für eine Folge dieses Irrtums.

Mitte Mai 1944

Die Briefschreiberin hatte eine Stelle aus einem Buch von Ernst *Jünger* zitiert, die folgendermaßen lautete: »Die Schlacht ist ein furchtbares Messen der gegenseitigen Produktion, und der Sieg der Erfolg einer Konkurrenz, die schneller und rücksichtsloser herzustellen versteht. Hier deckt das Zeitalter, aus dem wir stammen, seine Kehrseite auf. Die Herrschaft der Maschine über den Menschen, des Knechtes über den Herrn wird offenbar, und ein tiefer Zwiespalt, der schon im Frieden die wirtschaftlichen und gesellschaftlichen Ordnungen zu erschüttern begann, tritt auch in den Schlachten dieses Zeitalters tödlich hervor. Hier enthüllt sich der Stil eines materialistischen Geschlechtes, und die Technik feiert einen blutigen Triumph. Hier muß eine Rechnung beglichen werden von Schulden, die längst verjährt und vergessen schienen, und wenn wir ›da hinein‹ mußten, so wird es schon seine guten Gründe haben. Wenn *wir* vielleicht auch gar keine Schuld hatten, aber das Schicksal kennt keine persönliche Haftbarmachung, es steht hoch über Fragestellungen dieser Art.«

Die Stelle von Jünger, die Sie mir mitteilten, ist freilich charakteristisch. Die Jüngersche Welt ist eine Welt voll Geist, Kritik, Verstand und hohem künstlerischem Geschmack, nur ohne Liebe. Und charakteristisch in Ihrem Citat scheint mir besonders der Schluß vom Schicksal, das keine persönliche Haftbarmachung kenne. So ist es: niemand ist schuldig, man schießt und brennt die Welt in Trümmer, und ist dabei völlig unschuldig, man ist »Exponent« oder »Faktor« oder irgend etwas Geistreiches, aber kein Mensch, kein moralisches, unter Gott stehendes, ihm verantwortliches Wesen. Ich gebe, deutsch gesprochen, keinen roten Pfennig dafür.

Schluß des Rigi-Tagebuches
August 1945

Die Post bringt jetzt zuweilen seltene Überraschungen, auch gestern gab es eine: Briefe aus Deutschland! Irgend jemand war aus Stuttgart in die Schweiz gelangt und hatte Briefe für mich von ein paar schwäbischen Freunden mitgebracht, die sandte er mir und bot mir auch an, meine Antworten weiterzuleiten. Es waren nicht zufällige Briefe von Unbekannten, sondern erwartete von Freunden, und wenn ich auch über die größten meiner deutschen Sorgen nichts Neues erfuhr, so bekam ich doch zum erstenmal von einigen deutschen Intellektuellen, die weit über dem Durchschnitt stehen, direkte Mitteilungen über ihre Erlebnisse und Gedanken seit dem Zusammenbruch. Es sind unter diesen meinen Freunden natürlich keine Gläubigen des Dritten Reiches oder gar Nutznießer der Hitlerherrschaft; sie alle sind vom ersten Tage an wache und tief beunruhigte Zeugen seines Großwerdens und seiner Herrschaft gewesen, viele von ihnen haben sich in Leiden und Opfern treu bewährt, haben Amt und Brot verloren, sind in Gefängnissen gesessen, haben jahrelang wissend und ohnmächtig dem anwachsenden Unheil und der immer greller aufschießenden Teufelei zusehen müssen, haben seit dem Beginn des Krieges mit blutendem Herzen ihrem eigenen Volk die Niederlage und sich selber oftmals den Tod gewünscht.

Die Geschichte dieser Schicht des deutschen Volkes ist noch nicht geschrieben, ihre Existenz im Auslande noch kaum erkannt. Ein Teil dieser Leute war früher liberal und süddeutsch-demokratisch gesinnt, ein Teil katholisch, ein großer Teil sozialistisch.

Diese Menschen nun, von denen ich glaube, daß sie zurzeit die leidgeprüftesten, reifsten und weisesten in Europa sind, haben teils bewußt und willentlich, teils unbewußt und instinktiv versucht, sich völlig von allem Nationalismus zu befreien. Der kämpfende Franzose, Italiener, der hungernde und leidende Holländer oder Grieche, der schwergeprüfte Pole, ja selbst der verfolgte, zu Herden in Folter und Tod getriebene Jude – sie hatten alle in ihrem für uns unausdenklichen Leide noch das eine: Gemeinsamkeit, Schicksalsgenossen, Kameraden, ein Volk, eine Zugehörigkeit. Das hatten die Hitlergegner und Hitleropfer innerhalb Deutschlands nicht, oder nur soweit sie schon vor 1933 organisiert waren, und diese, soweit sie nicht schon umgebracht waren, verschwanden fast alle in die Höllen der Gefängnisse und Straflager. Übrig blieben die nicht organisierten Gutgesinnten und Vernünftigen, und sie fanden sich von Spionage, Spitzeltum, Denunziation immer mehr ins Enge getrieben, lebten in einer zuletzt kaum mehr atembaren Atmosphäre von Gift und Lüge, sahen die Mehrheit ihres Volkes von einem scheußlichen, ihnen unverständlichen und bösartigen Rausch ergriffen. Ich glaube, daß die Mehrzahl derer, welche diesen zwölf Jahre dauernden Angsttraum überlebt haben, gebrochen und zur aktiven Teilnahme an einem Wiederaufbau nicht mehr fähig ist. Wohl aber können sie unendlich viel beitragen zur geistigen und moralischen Erweckung ihres Volkes, das vorläufig noch gar nicht begonnen hat, das Geschehene und von ihm zu Verantwortende ins Bewußtsein einzulassen. Der müden Stumpfheit des Volkes steht bei jedem Wachgebliebenen eine ungeheuer empfindliche Bereitschaft für die Bewältigung der Schuldfrage, ein höchst zart und wund gewordenes Gewissen gegenüber.

Eines nun ist allen Äußerungen dieser wahrhaft guten Deutschen gemeinsam: die höchste Sensibilität für den Ton jener Aufklärungs- und Strafpredigten, welche jetzt, etwas spät, von den demokratischen Völkern an das deutsche gerichtet werden. Zum Teil werden diese Aufsätze und Broschüren, wirkungsvoll gekürzt, von den Besatzungsmächten propagiert. Das geschah auch mit dem Essay von C. G. Jung über Deutschlands »Kollektivschuld«, und die einzige Schicht des deutschen Volkes, die zurzeit überhaupt ein Ohr für diese Äußerungen hat und bereit wäre, zu lernen, reagiert auf sie mit einer Empfindlichkeit, über die man erschrickt. Kein Zweifel: die Predigten haben in sehr vielem vollkommen recht; nur erreichen sie das deutsche Volk nicht, sondern statt seiner gerade die wertvollste und edelste Schicht, wo das Gewissen längst überwach ist.

Ich kann jene Aufsätze, die ich Predigten nenne, meinen schwäbischen Freunden gegenüber nicht in Schutz nehmen, ich gebe sie preis. Ich habe diesen Freunden überhaupt nichts zu sagen. Wie sollte ein Mensch, der in einem unzerstörten Hause sitzt und täglich zu essen hat, der in den letzten zehn Jahren zwar Ärger und Sorgen, aber keine unmittelbare Bedrohung oder gar Vergewaltigung erfahren hat, diesen in jedem Leid geprüften etwas zu sagen haben! Aber wenigstens in einem Punkt kann ich den Freunden drüben einen Rat und

Zuspruch geben. Mögen sie mir in allem andern weit überlegen sein, in einem Punkt habe ich ältere Erfahrungen als sie, nämlich in der Loslösung vom Nationalismus. Die habe ich nicht unter Hitler oder unter den alliierten Bomben, sondern in den Jahren 1914 bis 1918 vollzogen und sie wieder und wieder revidiert. Und so kann ich meinen Freunden in Schwaben schreiben: »Das einzige in euren Briefen, was ich nicht ganz verstehe, ist eure Empörung über gewisse Artikel, die euer Volk über seine Schuld aufklären wollen. Ich möchte euch recht laut zurufen: Versäumet nicht wieder das wenige Gute, was der Zusammenbruch euch anbietet! Damals, im Jahre 1918, konntet ihr eine Republik statt einer Monarchie mit schlechter Verfassung haben. Und jetzt könnet ihr, mitten im Elend, wieder etwas haben und erleben, ein neues Stück Entfaltung und Menschwerdung, das ihr vor den Siegern und vor den Neutralen voraus habet: Ihr könnt den Wahn jedes Nationalismus, den ihr ja im Grunde längst schon hasset, durchschauen und euch von ihm befreien. Ihr habet das schon weitgehend getan, aber doch nicht weitgehend, nicht gründlich genug. Denn wenn ihr diese Entwicklung in euch vollends vollzogen habet, dann werdet ihr über das deutsche Volk und die Kollektivschuld noch ganz andere Worte, dann werdet ihr jede Beleidigung oder Provokation ganzer Völker lesen oder anhören können, ohne euch im mindesten mitbetroffen zu fühlen. Tut diesen Schritt vollends zu Ende, und ihr werdet, ihr wenigen, eurem eigenen und jedem andern Volk an Menschenwert überlegen und einen Schritt näher bei Tao sein.«

Ansprache in der ersten Stunde des Jahres 1946

1945

Liebe Freunde! Ein neues Jahr nimmt uns auf mit unbekannten Versprechungen und Bedrohungen, und wenn auch diese heutige Mitternachtsstunde nicht mehr bedeutet als jede beliebige Stunde unseres Lebens, so begehen wir sie doch als ein Fest, und zwar als ein ernstes Fest, und daran tun wir gut, denn jede Gelegenheit und Mahnung, uns für eine Stunde dem Alltäglichen zu entziehen und etwas wie Besinnung, Rück- und Vorschau, Prüfung und Selbstprüfung, Abrechnung und Einkehr anzustellen, ist in unserem rastlosen und verarmten Leben eine Wohltat. Allein schon die Besinnung auf das Rinnen der Zeit, auf die Vergänglichkeit unseres Lebens und unserer Unternehmungen, geschehe sie nun in Trauer oder in tapferer Freudigkeit, bedeutet etwas wie Reinigung und Prüfung, klingt klar und unerbittlich wie eine angeschlagene Stimmgabel in den Wirrwarr unserer Tage und zeigt uns, wie weit wir in unserem Innern etwa von der reinen Stimmung, von unserem Platze in der Weltharmonie abgewichen seien. Es ist gut, zu Zeiten diese Stimmgabel anzuschlagen. Es ist auch dann gut, wenn wir dadurch beschämt und in unserem Selbstgefühl verletzt werden.

Und diesmal, so scheint es, ist das neue, das willkommene, das noch so unbefleckte Jahr etwas ganz Besonderes und Wichtiges. Nach Jahren des Schlachtens und Vernichtens ist es wieder die erste Neujahrsnacht für uns, in der kein Krieg ist, in der wir nicht die Welt voll von Höllen und Toden wissen, nicht mehr die großen Maschinen der Vernichtung hoch über uns im Finstern zu beklagenswerten Zielen streben hören. Zwar wagen wir ja kaum, das Wort »Friede« auszusprechen, zwar sind wir gegen diese uns noch ungewohnte Stille in der Luft voll Mißtrauen, aber auch dies Mißtrauen und diese Besorgnis um die Gebrechlichkeit und Bedrohtheit dieses und jedes Friedens kann und wird uns helfen, der schönen und bangen Stunde unser Opfer zu bringen, indem wir einen Blick der Besinnung auf die Welt und auf uns selber werfen.

Wieder einmal haben wir uns einige Jahre lang daran gewöhnt, nicht gewöhnliche und private Jahre, nicht Menschenzeit und Menschenleben zu erleben, sondern »Weltgeschichte«, und wieder, wie nach allen sogenannten »großen« Zeiten, haben wir vor dieser Weltgeschichte einen großen Schauder und Ekel bekommen. Wie klang uns, als wir noch Schulknaben oder Jünglinge waren, das Wort »Weltgeschichte« prächtig und vielversprechend, wie manchmal sehnten wir

Kinder uns danach, diese herrliche Weltgeschichte, die wir nur aus Büchern und Bildern kannten, wirklich mitzuerleben, ja mitzumachen! Ach, danach sehnt sich nun keiner mehr von uns. Bitter haben wir erkannt, daß die wirkliche Weltgeschichte nicht jene der Schulbücher und illustrierten Prachtwerke ist, nicht eine Perlenschnur von großen Taten, sondern eine Flut, ein Ozean von großen Leiden. Wie sehr haben wir genug von all dem Großen, womit uns die Weltnachrichten nun jahrelang jeden Tag überschüttet haben, von der großen Zeit, von den größten See- und Land- und Luftschlachten aller Jahrhunderte, von dieser gespenstisch-schauerlichen Hetze von Rekorden des Entsetzlichen!

Es ist aber mit der Weltgeschichte nicht anders als mit dem Leben und Menschentum überhaupt. So wie wir gelernt haben, in der Weltgeschichte diejenigen Zeiten für die schönsten zu halten, in denen man am wenigsten von der Weltgeschichte merkt, so hat jeder von uns auch in seinem privaten Leben es allmählich gelernt, die stillen und harmonischen Zeiten den stürmischen vorzuziehen, wobei das Maß, nach dem wir messen und werten, nicht das irgendeiner Philosophie ist, sondern ganz einfach das Maß unseres persönlichen Wohlbefindens. Das ist unheroisch und banal, aber es hat etwas für sich, es ist wenigstens aufrichtig.

So wäre denn also unser Leben am heitersten, wenn möglichst wenig darin los ist, und die Welt am glücklichsten, wenn sie gar keine Geschichte, sondern nur ein Dasein hat? Bei diesem Gedanken zucken wir schon wieder zurück, er blickt so ärmlich und gemein, er ist uns eben doch nicht annehmbar. Und es fallen uns nun, aus lange unbenutzt gebliebenen Kammern des Gedächtnisses, manche Sprüche und Verse der Weisheit ein, etwa von Goethe der Spruch, daß nichts schwerer zu ertragen sei als eine Reihe von guten Tagen. Ach, und doch wünschen wir uns die guten Tage so sehr! Aber die Weisheit behält trotzdem recht: der Mensch ist voll Verlangen nach Glück und erträgt doch das Glück nicht lange Zeit. So ist es im Leben des Einzelnen, das Glück macht ihn müde, macht ihn träg, nach einiger Dauer ist es überhaupt kein Glück mehr! Es ist eine schöne, liebenswerte, aber sehr verwelkliche

Blume, das Glück. Vielleicht ist es auch in der Weltgeschichte so, und es muß die kleine Zahl und kurze Dauer der Epochen, die uns wohltemperiert und beneidenswert scheinen, durch den Jammer und die Blut- und Tränenströme der Weltgeschichte erkauft werden.

Aber was sollen wir uns dann eigentlich wünschen, wenn es nur die Wahl zwischen den Höllen des heroischen und den Kleinigkeiten des geschichtslosen Lebens gibt?

Wir könnten darüber lang nachsinnen und am Ende doch keine Antwort finden, wenn uns nicht einfiele, daß die Frage nach dem, was wir uns wünschen sollen, falsch gestellt, ja daß es eine ganz unnütze Frage ist, eine rechte Kinderfrage. Das lange Kriegsgetöse hat uns etwas kindisch gemacht, so scheint es, etwas kindisch und primitiv, wir haben seit einer guten Weile fast alles vergessen, was die großen Lehrer der Menschheit gefunden und gelehrt haben. Sie lehren ja alle das Gleiche, seit Jahrtausenden, und jeder Theologe oder auch jeder humanistisch Gebildete könnte es uns mit klaren Worten sagen, einerlei, ob er mehr zu Sokrates oder zu Lao Tse, mehr zu dem leidlos lächelnden Buddha oder zu dem Heiland mit der Dornenkrone neigt. Sie alle, und überhaupt jeder Wissende, jeder Erweckte und Erleuchtete, jeder wahre Kenner und Lehrer des Menschentums hat das Gleiche gelehrt, nämlich daß der Mensch sich nicht Größe noch Glück, nicht Heldentum noch süßen Frieden, daß er sich überhaupt nichts wünschen soll, nichts als einen reinen, wachsamen Sinn, ein tapferes Herz und die Treue und Klugheit der Geduld, um damit so Glück wie Leiden, so Lärm wie Stille zu ertragen.

Diese guten Gaben wollen wir uns wünschen. Sie haben alle den selben Ursprung. Sie kommen von Gott, sie sind nichts anderes als der Gottesfunke in einem jeden von uns. Wir spüren den Funken nicht jeden Tag, wir spüren ihn oft lange Zeiten nicht und vergessen ihn, aber es kann ein einziger Augenblick ihn uns plötzlich wieder schenken, manchmal ein Augenblick des Schreckens und der Verzweiflung, manchmal ein Augenblick seligster Stille: der Blick ins Geheimnis eines Blumenkelches, das Horchen auf ein paar Takte Musik, das vertrauensvoll zu uns aufgeschlagene Auge eines Kindes. In

diesen Augenblicken, denen hoher Lebensnot und denen stillster Aufgeschlossenheit, weiß jeder von uns, auch wenn er es mit Worten nicht sagen kann, das Geheimnis alles Wissens und alles Glücks, das Geheimnis der Einheit. Daß Gott, der Eine, in jedem von uns lebt, daß jeder Fleck Erde uns Heimat, jeder Mensch uns verwandt und Bruder ist, daß das Wissen um diese göttliche Einheit alle Trennung in Rassen, Völker, in Reich und Arm, in Bekenntnisse und Parteien als Spuk und Täuschung entlarvt – das ist der Punkt, auf den wir zurückkehren, wenn furchtbare Not oder zarte Rührung unser Ohr geöffnet und unser Herz liebefähig gemacht hat.
Wir wollen diesen innern Frieden uns und allen wünschen: denen, die in dieser Stunde in ihrem sichern Hause zu Bett gehen und denen, die ohne Haus und Bett das Elend und die Not schmecken müssen. Wir wünschen ihn den Siegern, damit ihr Sieg sie nicht stolz und blind mache, und den Besiegten, daß sie das ihnen zugekommene Leid nicht schelten und auf fremde Köpfe hinweg wünschen, sondern bereit sind, es zu leiden und Gottes Stimme in ihm zu vernehmen.
Wir sind eines dauernden Lebens in diesem Frieden und in dieser guten, einfachen Erkenntnis nicht fähig, oder nur die seltenen Heiligen, das wissen wir alle und haben uns dessen hundertmal geschämt. Aber wenn wir einmal wissen, daß der Weg zu einem höhern und edlern Menschentum einzig durch diese Schule führt, durch das immer wiederholte Erlebnis der Einheit, durch die immer erneute Einsicht in die einfache Wahrheit, daß wir Menschen Brüder und göttlicher Herkunft sind, wenn wir einmal richtig von diesem Blitz erweckt und verwundet sind, dann können wir nicht wieder vollkommen einschlafen und wieder ganz und gar in den Fiebertraum der Geisteshaltung verfallen, aus der die Kriege, die Rassenverfolgungen und alle Bruderkämpfe zwischen Menschen kommen.
Wir haben nun Jahr um Jahr das Schauerliche, das oft kaum mehr Erträgliche mitangesehen, und andere, weniger Bevorzugte als wir haben es mit allen seinen leiblichen und seelischen Qualen erleiden müssen, leiden es da und dort noch jetzt – da sind unter Blut und Tränen vielen die Meinungen

und Einteilungen abhanden gekommen, nach denen der Durchschnittsmensch in bequemen Zeiten sich die Welt zurechtlegt, viele sind erwacht, vielen hat das Gewissen geschlagen, viele haben sich gelobt: wenn ich das überlebe, werde ich ein anderer und besserer Mensch sein. Es sind, heute wie immer, die homines bonae voluntatis, die Menschen, die eines guten Willens sind, ihnen hat sich Gott kundgetan, ihnen hat sich ein Stück des Weltgeheimnisses entschleiert, ihnen allein, und nicht irgendwelchen Nationen, Ständen, Bünden oder Organisationen, ist die Zukunft anvertraut, sie allein haben die geheime Kraft des Glaubens.
Einst in einer schlaflosen Nacht, schlaflos, weil ich unter dem ersten Eindruck der unter Hitler geschehenen Greuel stand, habe ich ein Gedicht geschrieben, in dem ich, dem Grauen zum Trotz, meinen Glauben zu bekennen versuchte. Die letzten Verse des Gedichtes lauten:

Darum ist uns irrenden Brüdern
Liebe möglich noch in der Entzweiung,
Und nicht Richten und Haß,
Sondern geduldige Liebe,
Liebendes Dulden führt
Uns dem heiligen Ziele näher.

Geleitwort zur Neuausgabe von »Krieg und Frieden«

1946

Das Zusammenstellen dieses Buches war für den Autor keine freundliche Arbeit, keine, welche angenehme Erinnerungen aufruft und geliebte Bilder beschwört. Im Gegenteil, jeder einzelne Aufsatz erinnerte mich brennend an Zeiten des Leidens, Kampfes, der Vereinsamung, der Anfeindung und Unverstandenheit, der bitteren Loslösung von angenehmen Idealen und angenehmen Gewohnheiten. Darum habe ich, um diesen Schatten, die heute häßlicher und aktueller sind als je, etwas Schönes und Lichtes entgegenzustellen, in der Widmung dieses Buches eine edle, geliebte Freundesgestalt und mit ihr das einzige Schöne und Bleibende beschworen, was jene Kämpfe und Plagen mir einst eingetragen haben. Ich vergaß Vieles aus den beklemmenden Tagen des Jahres 1914, in denen der früheste dieser Aufsätze entstanden ist, nicht aber jenen Tag, an dem ein Briefchen von Romain Rolland als einzige sympathische Reaktion auf diesen Aufsatz* mich erreichte, zugleich mit der Ankündigung seines Buches. Ich hatte einen Weggenossen, einen Gleichgesinnten, einen, der gleich mir gegen den blutigen Unsinn des Krieges und der Kriegspsychose empfindlich gewesen und dagegen aufgestanden war, und es war nicht ein Beliebiger, es war ein Mann, den ich als Dichter der ersten Bände des Jean Christophe (mehr kannte ich damals von ihm noch nicht) hochschätzte, und der mir an politischer Schulung und Bewußtheit weit überlegen war. Wir sind Freunde geblieben bis zu seinem Tode. Wir lebten räumlich zu weit auseinander, und waren in allzu verschiedenen Kultur- und Denkgewohnheiten aufgewachsen, als daß ich sein Gefolgsmann hätte werden und im Politischen viel von ihm hätte lernen können. Aber das war es auch nicht, worauf es ankam. Ich hatte meinen politischen Weg begonnen, sehr spät, als Mann von bald vierzig Jahren, erweckt und aufgerüttelt durch die grauenhafte Wirklichkeit des Krieges, tief befremdet durch die Leichtigkeit, mit der sich meine bisherigen Kollegen und Freunde dem Moloch zur Verfügung stellten, und ich hatte auch schon die paar ersten Verluste an Freunden, die paar ersten Angriffe, Drohungen und Beschimpfungen erfahren, mit denen in sogenannten großen Zeiten die Gleichgeschalteten unfehlbar den Einzelgänger überfallen. Es war zweifelhaft, ob ich durchhalten, ob ich nicht an dem Konflikt zugrunde gehen werde, der mein bis dahin eher glückliches und über Verdienst erfolgreiches Leben jetzt zur Hölle machte. Da war es gut, da war es Rettung und Glück, Einen zu wissen, der aus dem »feindlichen«, dem französischen Lager her den selben Protest des Gewissens gegen die Forderung des Sichduckens und Mitmachens bei den Orgien des Hasses und des krank gewordenen Nationalismus geleistet hatte. Ich habe weder während der Kriegs-

* »O Freunde, nicht diese Töne!«

jahre noch nachher je eigentlich politische Gespräche mit Rolland geführt, aber ich weiß dennoch nicht, ob ich ohne seine Nähe und Kameradschaft jene Jahre überstanden hätte. Dessen mußte an dieser Stelle gedacht werden.
Sachlich ist zur Entstehungsgeschichte dieses Buches Folgendes zu sagen: von den Betrachtungen aus dem Krieg von 1914 erschienen die meisten damals in der Neuen Zürcher Zeitung. Ich war damals (und noch bis 1923) deutscher Staatsangehöriger. Seit damals ist mir in Deutschland nie mehr eigentlich verziehen worden, daß ich einmal an Patriotismus und Kriegsgeist Kritik geübt hatte, und wenn auch, ähnlich wie heute wieder, unmittelbar nach dem verlorenen Krieg eine gewisse Schicht in Deutschland sehr friedlich und internationalistisch empfand und mit manchem Echo auf meine Gedanken Antwort gab, so blieb doch das Mißtrauen gegen mich wach, und noch lang vor den ersten Erfolgen des Nationalsozialismus gehörte ich für das offizielle Deutschland durchaus zu den Verdächtigen, nur zur Not Geduldeten, im Grunde Unerwünschten. Hitlers Partei hat dann in der Zeit ihrer Allmacht an meinen Büchern, meinem Namen, meinem armen Berliner Verleger mit Vergnügen Rache genommen. Wer das Inhaltsverzeichnis meines Buches durchliest, wird finden, daß es nur gewisse Jahre sind, in denen ich »politische« oder aktuelle Betrachtungen geschrieben habe. Man ziehe daraus jedoch nicht den Schluß, ich habe zwischenein wieder geschlafen und die Weltgeschichte Weltgeschichte sein lassen. Das war mir, zu meinem eigenen großen Bedauern, seit dem ersten grausigen Erwachen im ersten Weltkrieg nicht mehr gegönnt. Und wer sich mit dem Ganzen meiner Lebensarbeit befaßt, der wird bald merken, daß auch in den Jahren, aus denen keine aktuellen Aufsätze vorhanden sind, der Gedanke an die unter unsern Füßen glimmende Hölle, das Gefühl der Bedrohtheit durch nahe Katastrophen und Kriege mich nie verlassen hat. Vom Steppenwolf, der unter andrem ein angstvoller Warnruf vor dem morgigen Krieg war, und der entsprechend geschulmeistert oder belächelt wurde, bis in die scheinbar so zeit- und wirklichkeitsferne Bilderwelt des Glasperlenspiels hinein wird der Leser im-

mer wieder darauf stoßen, und auch in den Gedichten ist dieser Ton immer wieder und wieder zu hören.

Wenn ich meine Aufsätze »politisch« nenne, so tue ich es stets in Anführungszeichen, denn politisch ist an ihnen nichts als die Atmosphäre, in der sie jeweils entstanden. Im übrigen sind sie das Gegenteil von politisch, denn jede dieser Betrachtungen sucht den Leser nicht vor das Welttheater und seine politischen Probleme zu führen, sondern in sein eigenes Inneres, vor sein ganz persönliches Gewissen. Hierin bin ich mit den Politikern aller Richtungen durchaus nicht einig, und werde darin stets unbelehrbar bleiben, daß ich im Menschen, im einzelnen Menschen und seiner Seele, Bezirke anerkenne, wohin politische Antriebe und Prägungen nicht reichen. Ich bin Individualist, und halte die christliche Ehrfurcht vor jeder Menschenseele für das Beste und Heiligste am Christentum. Es mag sein, daß ich damit einer schon halb abgestorbenen Welt angehöre, daß ein Kollektivmensch ohne Einzelseele im Entstehen begriffen, da und dort schon vorhanden ist, der mit der ganzen religiösen wie individualistischen Tradition der Menschheit aufräumt. Dies zu wünschen oder zu fürchten ist nicht meine Sache. Ich mußte den Göttern dienen, die ich als lebendig und hilfreich erfahren habe, und habe es auch da versucht, wo ich Feindseligkeit oder Gelächter zur Antwort bekommen mußte. Es war kein hübscher, kein bequemer Weg, den ich zwischen den Forderungen der Welt und denen der eigenen Seele gehen mußte, ich möchte ihn nicht nochmals gehen müssen, und er endet mit Trauer und mancher großen Enttäuschung. Aber ich bin damit einverstanden, daß ich seit dem ersten Erwecktwerden nicht, wie die Mehrzahl meiner Kollegen und Kritiker, alle paar Jahre einmal umzulernen und von einer Fahne zur andern hinüber zu wechseln fähig war.

Mein Verhalten, meine moralische Reaktion jedem großen politischen Ereignis gegenüber hat seit jenem ersten Erwachen vor dreißig Jahren sich stets instinktiv und völlig ungesucht eingestellt, meine Urteile haben nie geschwankt. Da ich nun ein ganz unpolitischer Mensch bin, war mir selber diese Zuverlässigkeit des Reagierens erstaunlich, und ich habe des öfteren über die Quellen nachgedacht, aus denen dieser moralische Instinkt herkam, über die Erzieher und Lehrer, die mich, ohne daß ich mich je systematisch um Politik gekümmert hätte, so geprägt hatten, daß ich stets meines Urteils sicher war und eine mehr als durchschnittliche Widerstandsfähigkeit gegen Massenpsychosen und geistige Ansteckungen jeder Art besaß. Man soll sich zu dem bekennen, was einen erzogen, geprägt und gebildet hat, und so muß ich nach häufiger Überprüfung der Frage sagen: es waren drei starke und lebenslänglich nachwirkende Einflüsse, die diese Erziehung an mir vollbracht haben. Es war der christliche und nahezu völlig un-nationalistische Geist meines Elternhauses, es war die Lektüre der großen Chinesen, und es war, nicht zuletzt, der Einfluß des einzigen Historikers, dem ich je mit Vertrauen, Ehrfurcht und dankbarer Jüngerschaft zugetan war: Jacob Burckhardt.

Ein Brief nach Deutschland
1946

Merkwürdig ist das mit den Briefen aus Ihrem Lande! Viele Monate lang bedeutete für mich ein Brief aus Deutschland ein überaus seltenes und beinahe immer ein freudiges Ereignis. Es brachte die Nachricht, daß irgendein Freund noch lebe, von dem ich lange nichts mehr erfahren und um den ich vielleicht gebangt hatte. Und er bedeutete eine kleine, freilich nur zufällige und unzuverlässige Verbindung mit dem Lande, das meine Sprache sprach, dem ich mein Lebenswerk anvertraut hatte, das bis vor einigen Jahren mir auch mein Brot und die moralische Rechtfertigung für meine Arbeit gegeben hatte. Ein solcher Brief kam immer überraschend, immer auf wunderlichen Umwegen, er enthielt kein Geschwätz, nur Wichtiges, war oft in großer Hast während der Minuten geschrieben, in denen ein Rotkreuzwagen oder ein Rückwanderer darauf wartete, oder er kam, in Hamburg, Halle oder Nürnberg geschrieben, nach Monaten auf dem Umweg über Frankreich oder Amerika, wohin ein freundlicher Soldat ihn bei seinem Heimaturlaub mitgenommen hatte.

Dann wurden die Briefe häufiger und länger, und hinzu kamen sehr viele aus den Kriegsgefangenenlagern aller Länder, traurige Papierfetzchen aus den Stacheldrahtlagern in Ägypten und Syrien, aus Frankreich, Italien, England, Amerika, und unter diesen Briefen waren schon viele, die mir keine Freude machten und die zu beantworten mir bald die Lust verging. In den meisten dieser Gefangenenbriefe wurde sehr geklagt, es wurde auch bitter geschimpft, es wurde Unmögliches an Hilfe verlangt, es wurde höhnisch an Gott und Welt Kritik geübt und zuweilen geradezu mit dem nächsten Krieg gedroht. Es gab edle Ausnahmen, doch waren sie selten. Im übrigen sprachen sie nur von dem, was sie erleiden mußten und klagten bitter über die Ungerechtigkeit der langen Gefangenschaft. Vom anderen, von dem, was sie als deutsche Soldaten jahrelang der Welt angetan hatten, war nie mit einem Wort die Rede. Mir fiel dabei immer ein Satz aus einem deutschen Kriegstagebuch aus der Zeit des Einmarsches in Rußland ein. Der Autor, im übrigen harmlos und leidlich frei von Nazimentalität, bekannte darin, daß der Gedanke ans Sterbenmüssen freilich jeden Soldaten nicht wenig beschäftige, während das andere, das Tötenmüssen, lediglich eine »taktische« Frage sei. Alle diese Briefschreiber gaben Hitler preis, keiner war mitschuldig.

Ein Gefangener in Frankreich, kein Kind mehr, sondern ein Industrieller und Familienvater, mit Doktortitel und guter Bildung, stellte mir die Frage: was denn nach meiner Meinung ein gutgesinnter, anständiger Deutscher in den Hitlerjahren hätte tun sollen? Nichts habe er verhindern, nichts gegen Hitler tun können, denn das wäre Wahnsinn gewesen, es hätte ihn Brot und Freiheit gekostet, und am Ende noch das Leben. Ich konnte nur antworten: Die Verwüstung von Polen und Rußland, das Belagern und dann das irrsinnige Halten von Stalingrad bis zum bittern Ende sei vermutlich auch nicht ganz ungefährlich gewesen, und doch hätten die deutschen Soldaten es mit Hingabe getan. Und warum sie denn Hitler erst von 1933 an entdeckt hätten? Hätten sie ihn nicht zum mindesten seit dem Münchener Putsch kennen müssen? Warum sie denn die einzige erfreuliche Frucht des ersten Weltkrieges, die deutsche Republik, statt sie zu stützen und zu pflegen, fast einmütig sabotiert, einmütig für Hindenburg und später für Hitler gestimmt hätten, unter dem es dann allerdings lebensgefährlich geworden sei, ein anständiger Mensch zu sein? Ich erinnerte solche Briefschreiber auch gelegentlich daran, daß das deutsche Elend ja nicht erst mit Hitler begonnen habe, und daß schon im Sommer 1914 der trunkene Jubel des Volkes über Österreichs gemeines Ultimatum an Serbien eigentlich Manchen hätte aufwecken können. Ich erzählte, was Romain Rolland, Stefan Zweig, Frans Masereel, Annette Kolb und ich in jenen Jahren durchzukämpfen und zu erleiden hatten. Aber darauf ging keiner ein, sie wollten überhaupt keine Antwort hören, keiner wollte wirklich disputieren, wirklich an irgendein Lernen und Denken gehen.

Oder es schrieb mir ein ehrwürdiger greiser Geistlicher aus Deutschland, ein frommer Mann, der unter Hitler sich tapfer gehalten und vieles erduldet hatte: erst jetzt habe er meine vor fünfundzwanzig Jahren geschriebenen Betrachtungen aus dem ersten Weltkrieg gelesen, und müsse ihnen als Deutscher und als Christ Wort für Wort beistimmen. Aber ehrlicherweise müsse er auch sagen: wären diese Schriften ihm damals, als sie neu und aktuell waren, unter die Augen gekommen, so hätte er sie entrüstet weggelegt, denn er sei damals, wie jeder anständige Deutsche, ein strammer Patriot und Nationalist gewesen.

Häufiger und häufiger wurden die Briefe, und jetzt, seit sie wieder mit der gewöhnlichen Post kommen, läuft mir Tag um Tag eine kleine Sintflut ins Haus, viel mehr als gut ist und als ich lesen kann. Doch sind es zwar Hunderte von Absendern, aber im Grunde doch nur fünf oder sechs Arten von Briefen. Mit Ausnahme nämlich der wenigen ganz echten, ganz persönlichen und unwiederholbaren Dokumente dieser großen Notzeit – und zu diesen wenigen gehört als einer der besten Ihr lieber Brief – sind diese vielen Schreiben Ausdruck bestimmter, sich wiederholender, oft allzu leicht erkennbarer Haltungen und Bedürfnisse. Sehr viele von ihren Verfassern wollen bewußt oder unbewußt teils dem Adressaten, teils der Zensur, teils sich selber ihre Unschuld am deutschen Elend beteuern, und nicht wenige haben ohne Zweifel gute Ursache zu diesen Anstrengungen.

Da sind nun zum Beispiel alle jene alten Bekannten, die mir früher jahrelang geschrieben, damit aber in dem Augenblick aufgehört hatten, wo sie merkten, daß man sich durch Briefwechsel mit mir, einem Wohlüberwachten, recht Unangenehmes zuziehen könne. Jetzt teilen sie mir mit, daß sie noch leben, daß sie stets warm an mich gedacht und mich um mein Glück, im Paradies der Schweiz zu leben, beneidet hätten, und daß sie, wie ich mir ja denken könne, niemals mit diesen verfluchten Nazis sympathisiert hätten. Es sind aber viele dieser Bekenner jahrelang Mitglieder der Partei gewesen. Jetzt erzählen sie ausführlich, daß sie in all diesen Jahren stets mit einem Fuß im Konzentrationslager gewesen seien, und ich muß ihnen antworten, daß ich nur jene Hitlergegner ganz ernst nehmen könne, die mit *beiden* Füßen in jenen Lagern waren, nicht mit dem einen im Lager, mit dem andern in der Partei. Auch erinnerte ich sie daran, daß wir hier im »Paradies« der Schweiz während der Kriegsjahre jeden Tag mit dem freundnachbarlichen Besuch der braunen Teufel haben rechnen müssen, und daß in unserm Paradiese auf uns Leute von der Schwarzen Liste schon die Gefängnisse und Galgen warteten. Immerhin gebe ich zu, daß je und je die Neuordner Europas uns schwarzen Schafen auch lockende Köder hingehalten haben. So wurde ich noch ziemlich spät zu meinem Erstaunen durch einen Miteidgenossen und Kollegen mit bekanntem Namen eingeladen, auf »seine« Kosten nach Zürich zu kommen, um mit ihm meine Aufnahme in den vom Ministerium Rosenberg gegründeten Bund der europäischen Kollaborationisten zu besprechen.

Dann gibt es treuherzige alte Wandervögel, die schreiben mir, sie seien damals, so etwa um 1934, nach schwerem innerem Ringen in die Partei eingetreten, einzig um dort ein heilsames Gegengewicht gegen die allzu wilden und brutalen Elemente zu bilden und so weiter.

Andre wieder haben mehr private Komplexe und finden, während sie im tiefen Elend leben und von wahrlich wichti-

geren Sorgen umgeben sind, Papier und Tinte und Zeit und Temperament im Überfluß, um mir in langen Briefen ihre tiefe Verachtung für Thomas Mann auszusprechen und ihr Bedauern oder ihre Entrüstung darüber, daß ich mit einem solchen Manne befreundet sei.
Und wieder eine Gruppe bilden Jene, die offen und eindeutig all die Jahre mit an Hitlers Triumphwagen gezogen haben, einige Kollegen und Freunde aus früheren Zeiten her. Sie schreiben mir jetzt rührend freundliche Briefe, erzählen mir eingehend von ihrem Alltag, ihren Bombenschäden und häuslichen Sorgen, ihren Kindern und Enkeln, als wäre nichts gewesen, als wäre nichts zwischen uns, als hätten sie nicht mitgeholfen, die Angehörigen und Freunde meiner Frau, die Jüdin ist, umzubringen, und mein Lebenswerk zu diskreditieren und schließlich zu vernichten. Nicht Einer von ihnen schreibt, er bereue, er sehe die Dinge jetzt anders, er sei verblendet gewesen. Und auch nicht Einer schreibt, er sei Nazi gewesen und werde es bleiben, er bereue nichts, er stehe zu seiner Sache. Wo wäre je ein Nazi zu seiner Sache gestanden, wenn diese Sache schief ging?! Ach, es ist zum Übelwerden.
Eine kleinere Zahl von Briefschreibern erwartet von mir, ich solle mich heute zu Deutschland bekennen, solle hinüberkommen, solle an der Umerziehung mitarbeiten. Weit größer aber ist die Zahl derer, die mich auffordern, draußen in der Welt meine Stimme zu erheben und als Neutraler und als Vertreter der Menschlichkeit gegen Übergriffe oder Nachlässigkeiten der Besetzungsarmeen zu protestieren. So weltfremd, so ohne Ahnung von der Welt und Gegenwart, so rührend und beschämend kindlich ist das!
Wahrscheinlich kommt Ihnen all dieser teils kindliche, teils bösartige Unsinn gar nicht erstaunlich vor, wahrscheinlich kennen Sie all das besser als ich. Sie deuten ja an, daß Sie mir einen langen Brief über die geistige Situation in Ihrem armen Lande geschrieben haben, ihn aber aus Zensurgründen zurückbehielten. Nun, ich wollte Ihnen nur einen Begriff davon geben, womit jetzt die größere Hälfte meiner Tage und Stunden ausgefüllt ist, und wollte damit auch erklären, warum ich diesen Brief an Sie drucken lasse. Ich kann nämlich

die Haufen von Briefen, von denen die meisten ohnehin Unmögliches verlangen und erwarten, natürlich nicht beantworten, und doch sind unter jenen Briefen solche, denen mich ganz zu entziehen mir nicht erlaubt schiene. Ihren Verfassern werde ich nun diesen gedruckten Brief schicken, schon weil sie alle so wohlmeinend und besorgt nach meinem Ergehen fragen.
Ihr lieber Brief nun ist in keiner Kategorie unterzubringen, er enthält nicht ein einziges schabloniertes Wort, und enthält – wunderbar im heutigen Deutschland! – nicht ein Wort der Klage oder Anklage. Er hat mir außerordentlich wohlgetan, Ihr guter, kluger und tapferer Brief, und was er über Ihr eigenes Schicksal enthält, hat mich tief bewegt. So sind also auch Sie, wie unser treuer Freund, lange Zeit bewacht, bespitzelt, in die Kerker der Gestapo gesteckt, und sogar zum Tode verurteilt worden! Ich bin beim Lesen tief erschrocken, um so mehr als auch meine Briefe, trotz aller Vorsicht, Sie mitbelastet haben, aber eigentlich überrascht haben Ihre Nachrichten mich nicht. Denn ich hatte mir Sie niemals mit dem einen Fuß im Gefängnis oder Lager, mit dem andern aber in der Partei vorgestellt, sondern habe nie daran gezweifelt, daß Sie tapfer und wach, wie es Ihren hellen Augen und Ihrer Klugheit zukommt, auf der richtigen Seite standen. Und da waren Sie freilich in schwerster Gefahr.
Sie sehen, ich kann mit der Mehrzahl meiner deutschen Korrespondenten wenig anfangen. Es ist manches ähnlich wie einst am Ende des ersten Weltkrieges, und ich bin freilich heute auch älter und mißtrauischer als ich damals war. So wie heute alle meine deutschen Freunde in der Verurteilung Hitlers einig sind, so waren sie es damals, bei der Gründung der deutschen Republik, in der Verurteilung von Militarismus, Krieg und Gewalt. Man fraternisierte allgemein, etwas spät aber herzlich, mit uns Kriegsgegnern, Gandhi und Rolland wurden beinahe wie Heilige verehrt. »Nie wieder Krieg!« hieß das Schlagwort. Aber einige Jahre später konnte Hitler schon seinen Münchener Putsch wagen. So nehme ich denn die heutige Einmütigkeit im Verdammen Hitlers nicht allzu ernst, und sehe in ihr nicht die mindeste Gewähr für eine

politische Sinnesänderung, oder auch nur für eine politische Erkenntnis und Erfahrung. Ernst, sehr ernst aber nehme ich die Sinnesänderung, die Läuterung und Reife jener Einzelnen, denen in der ungeheuren Not, in dem glühenden Martyrium dieser Jahre sich der Weg nach Innen, der Weg ins Herz der Welt, der Blick in die zeitlose Wirklichkeit des Lebens geöffnet hat. Diese Erwachten haben das große Geheimnis ganz ähnlich gespürt und erlebt und erlitten, wie ich es einst in den bitteren Jahren nach 1914 erlebt habe, nur geschah es unter viel größerem Druck, unter härteren Leiden, und ohne Zweifel sind Unzählige auf dem Weg zu diesem Erlebnis und Erwachen zusammengebrochen und erlegen, ehe sie die Reife erreichen konnten.

Hinter dem Stacheldraht eines Gefangenenlagers in Afrika schreibt mir ein deutscher Hauptmann von Erinnerungen an Dostojewskis »Totenhaus« und an Siddhartha, von seinem Streben, inmitten eines erbarmungslosen Lebens, das kein Alleinsein auch nur für Minuten erlaubt, den Pfad der Versenkung zu gehen und ins Innen zu gelangen, »ohne daß der Wille zum Ausscheiden aus allen Vordergründen endgültig würde«. Oder eine ehemalige Gefangene der Gestapo schreibt: »Ich habe durch das Gefängnis viel gelernt, und bürgerliche Kümmernisse bedrücken mich nicht mehr.« Das sind positive Erfahrungen, sind Zeugnisse wirklichen Lebens, und ich könnte solcher Worte noch viele anführen, wenn ich die Zeit und Augenkraft hätte, all diese Briefe nochmals zu durchlesen.

Ihre Frage nach meinem Ergehen ist rasch beantwortet. Ich bin alt und müde geworden, und die Zerstörung meines Werkes, begonnen durch Hitlers Ministerien und restlos vollendet durch die amerikanischen Bomben, hat meinen letzten Jahren den Grundton von Enttäuschung und Kummer gegeben. Daß über diesem Grundton dennoch manche kleine Melodie noch möglich ist, und ich zu manchen Stunden auch jetzt noch im Zeitlosen zu leben vermag, ist mein Trost. Damit etwas von meinem Werk übrig bleibe, mache ich von Zeit zu Zeit von irgendeinem seit Jahren fehlenden Buch einen Schweizer Neudruck; es ist nicht viel mehr als eine Geste, denn diese Drucke existieren natürlich nur für die Schweiz.

Alter und Verkalkung machen Fortschritte, manchmal will das Blut nicht mehr so richtig durchs Gehirn laufen. Aber diese Übel haben schließlich auch ihre gute Seite: man nimmt nicht alles mehr so deutlich und heftig auf, man hört an vielem vorbei, man spürt manchen Hieb oder Nadelstich überhaupt nicht mehr, und ein Teil des Wesens, das einst Ich hieß, ist schon dort, wo bald das Ganze sein wird.
Zu den guten Dingen, für deren Aufnahme und Genuß ich noch Organe habe, die mir noch Freude machen und das Dunkle übertönen können, gehören die seltenen, aber eben doch vorhandenen Zeichen für das Weiterleben eines echten geistigen Deutschland, die ich nicht in der Betriebsamkeit der jetzigen Kulturmacher und Konjunkturdemokraten Ihres Landes suche und finde, sondern in solchen beglückenden Äußerungen der Entschlossenheit, Wachheit und Tapferkeit, der illusionslosen Zuversicht und Bereitschaft, wie Ihr Brief eine ist. Dafür sage ich Ihnen meinen Dank. Hütet den Keim, bleibt dem Licht und Geiste treu, Ihr seid sehr wenige, aber vielleicht das Salz der Erde.

Versuch einer Rechtfertigung

Zwei Briefe wegen Palästina

Genua, 22. Mai 1948

Sehr verehrter Herr Hesse!
Ehe ich heute das Schiff besteige, das mich in meine Heimat, nach Haifa, zurückbringen soll, möchte ich eine Bitte oder Anregung an Sie gelangen lassen:
Möchten doch Sie, sei es allein, sei es in Verbindung mit anderen Autoren von Weltruf, die Stimme in dieser tragischen Stunde der jüdischen Geschichte erheben! Die Invasion, die das, was Generationen in mühevollster und redlichster Arbeit geschaffen haben, die Siedlungen, wahre Inseln menschlicher Reinheit, die Städte, Menschen, Bibliotheken in Flammen aufgehen läßt, bedroht nicht nur Stätten, die der ganzen Menschheit teuer sind, mit Vernichtung – sie wird auch, wenn die zivilisierte Welt nicht rasch Einhalt gebietet, die in Jeru-

salem und Tel Aviv befindlichen Inkunabeln und Handschriften, darunter, um nur zwei Beispiele zu nennen, den ganzen ungedruckten Nachlaß von Novalis und Franz Kafka neben den herrlichsten Bildern, wissenschaftlichen und künstlerischen Sammlungen vernichten. Eine äußerste Anstrengung aller Geistigen aller Völker müßte gemacht werden, um das zu verhüten und den Frieden wiederherzustellen.
Ich bin überzeugt, daß Ihre Stimme viel dazu beitragen könnte, in diesem Fall das Gewissen der Menschheit aus dem Tiefschlaf zu wecken. *Max Brod*

Montagnola, 25. Mai 1948

Lieber, hochgeschätzter Herr Brod!
So ziemlich jeden Tag kommt, zumeist aus Deutschland, eine kleine Handvoll Bittbriefe an mich. Jemand ist krank und sollte in ein Sanatorium mit guter Verpflegung kommen. Jemand ist Literat, Forscher oder Künstler, lebt seit Jahr und Tag in einem einzigen Raum mit drei, vier andern Menschen zusammen, hat nicht einmal einen Tisch zur Verfügung; er sollte, um gerettet zu werden, für einige Zeit Raum, Ruhe, Erholung und Arbeitsmöglichkeit bekommen. »Es bedarf ja nur eines leisen Winkes von Ihnen, so werden die bekannten Fürsorgeorganisationen alles tun, um zu helfen« schreibt der eine, und der andre schreibt: »Ein Wort von Ihnen an die Bundesbehörden wird ja genügen, um dem armen Manne die Einreise- und Arbeitserlaubnis, vielleicht auch die Einbürgerung zu verschaffen.« Darauf muß ich dann jedesmal antworten, daß es in unsrem Lande weder Behörden, noch andre Organisationen, weder ein Sanatorium noch auch nur einen Bäckerladen gibt, der auf einen Wink oder ein Wort von mir irgendeinem Hungernden, sei er wer er wolle, auch nur eine Mahlzeit schenken würde. Was an diesen Bitten so wunderlich anmutet und so wehtut, ist der Märchenglaube der Bittsteller an den vermeintlichen Zauberer, der nur den Finger zu heben braucht, damit aus Elend Glück und aus Krieg Friede werde.
Und nun wenden auch Sie, der alte Freund des tiefen Tragikers Kafka, sich mit einem solchen Anliegen an mich, und

diesmal soll ich gar nicht nur einem oder einigen Einzelnen, sondern gleich einem ganzen Volke beistehen und »den Frieden wiederherstellen« helfen! Das erschreckt mich, denn ich muß mich zu einem vollkommenen Unglauben an den Zusammenschluß der »Geistigen« oder gar an den guten Willen der »zivilisierten Welt« bekennen. Der Geist hat mit der Quantität nichts zu tun, und ob zehn oder hundert »Prominente« die Mächtigen ersuchen, irgend etwas zu tun oder zu unterlassen, ist gleich hoffnungslos. Hätten Sie sich, vor Jahren schon, mit einer Mahnung zu Menschlichkeit, zu Gottesfurcht und Gewaltlosigkeit etwa an die jungen, terroristisch geschulten Gruppen Ihrer eigenen Nation gewandt, Sie würden in überaus deutlichen Worten zu hören bekommen haben, wie man unter den Aktivisten und Bewaffneten über diese Ideale denkt.

Nein, so schön und edel Ihre Absicht ist, ich kann Ihre Auffassung nicht teilen. Ich halte im Gegenteil jede »geistige« Scheinaktion, jedes Mahnen, Bitten, Predigen oder gar Drohen der Intellektuellen den Herren der Erde gegenüber für falsch, für eine weitere Schädigung und Herabwürdigung des Geistes, für etwas, was unbedingt und in jedem Fall unterbleiben sollte. Unser Reich, lieber Max Brod, ist nun einmal »nicht von dieser Welt«. Wir haben weder zu predigen noch zu befehlen noch zu bitten, wir haben inmitten der Höllen und Teufel standzuhalten und weder unsrer Berühmtheit noch einem Zusammenschluß von möglichst vielen unsresgleichen das Geringste zuzutrauen. Auf lange Sicht, gewiß, werden wir immer Sieger bleiben, etwas von uns wird noch da sein, wenn kein Minister noch Feldherr von heute mehr im Gedächtnis der Menschen sein wird. Aber auf kurze Sicht, im Hier und Heute, sind wir die armen Teufel, und die Welt denkt nicht daran, uns an ihrem Spiel zu beteiligen. Wir Dichter und Denker sind einzig darum etwas, weil wir Menschen sind, weil wir, bei allen Fehlern, Herz und Kopf und ein brüderliches Verständnis für alles Natürliche und Organische haben. Die Minister und anderen Politikmacher gründen ihre kurzfristige Macht nicht auf Herz und Kopf, sondern auf die Masse derer, deren »Exponenten« sie sind. Sie operieren mit dem, womit wir nicht operieren können noch dürfen, mit der Zahl, mit der Quantität, und wir müssen ihnen dieses Feld überlassen. Auch sie haben es nicht leicht, wir dürfen das nicht vergessen, sie haben es sogar schwerer als wir, denn sie haben nicht ihr eigenes Leben, ihren eigenen Verstand, ihre eigene Ruhe und Unruhe, ihr eigenes Gleichgewicht, sondern werden getragen, geschoben und weggewischt von den Millionen ihrer Wähler. Sie sind auch keineswegs unberührt von dem Scheußlichen, das unter ihren Augen und zum Teil auf Grund ihrer Fehler geschieht, sie sind in großer Verlegenheit. Sie haben ihre Spielregeln, die sie decken und die ihre Verantwortlichkeit erträglicher machen mögen. Wir andern, wir Wahrer, sehen ihnen mit ebensoviel Mitleid wie Schrecken zu. Aber unsre Spielregeln, so glauben wir, sind mehr als Spielregeln, sie sind wirkliche Gebote, wirkliche Gesetze, ewige, göttliche. Ihrer Wahrung gilt unser Dienst, und wir gefährden ihn mit jedem Kompromiß, mit jedem Eingehen auf jene »Spielregeln«, sei es auch mit den edelsten Absichten.

Wenn ich dies alles so unverblümt ausspreche, so setze ich mich bei den Oberflächlichen damit allerdings dem Verdachte aus, ich gehöre zu jenen verträumten Künstlernaturen, für die Kunst und Politik nichts zu tun und der Künstler im Elfenbeinturme einer ästhetischen Existenz zu verweilen habe, um sich ja nicht durch Berührungen mit der rauhen Wirklichkeit die Stimmung zu verderben oder gar die Hände zu beschmutzen. Ich weiß, daß ich Ihnen gegenüber mich in dieser Hinsicht nicht zu verteidigen brauche. Ich habe, seit der erste Weltkrieg mich unerbittlich zum Blick in die Wirklichkeit erweckt hat, viele Male meine Stimme erhoben, und einen großen Teil meines Lebens der damals in mir erwachten Verantwortlichkeit geopfert. Aber ich habe dabei die Grenzen stets auf das strengste gewahrt, ich habe versucht, als Dichter und Literat meinen Lesern immer wieder die Mahnung an die heiligen Grundgebote der Menschlichkeit zuzurufen, niemals aber habe ich selbst versucht, die Politik zu beeinflussen, wie es in den Hunderten von Aufrufen, Protesten und Mahnungen der Intellektuellen immer und immer wieder feierlich, aber nutzlos und zum Schaden des Ansehens der Humanität geschah und geschieht. Und dabei will ich bleiben. Wenn ich Ihren Wunsch nicht erfüllen konnte, so habe ich doch, wie Sie sehen, wenigstens den Versuch gemacht, Ihre Angelegenheit auch anderen vorzulegen und weiterzugeben, indem ich Ihren Brief und meine Antwort veröffentliche.

Ihr Hermann Hesse

Briefmosaik 2: *1945–1961*

Juli 1945

Keinesfalls würde ich öffentliche und kollektive Bußpredigten an Deutschland mit unterschreiben, dagegen privat sage ich es fast jedem Deutschen, der mich anspricht: eine wie schlechte, böse und im Grunde dumme Politik Deutschland seit 1870 gemacht hat, stets und immer, und wie eben doch alle daran mit schuld sind. Wer sich für Bismarck oder Wilhelm den Zweiten nicht mehr mitverantwortlich fühlt und sich ostentativ die Hände wäscht, der ist doch, in 99 von 100 Fällen, treulich und begeistert seinerzeit zur Urne gepilgert, um Hindenburg zu wählen. Irgend einmal muß eben doch das Volk anfangen, sich für sein Tun und sein Leiden selber verantwortlich zu fühlen. Aber das lernt sich schwer, und da viele andre Völker unendlich lang dazu gebraucht haben, wird es auch hier nicht rasch gehen. Inzwischen sind leider uns alten Leuten unsre Gärtchen verhagelt; auch ich rechne mit dem teilweisen Wiederaufbau dessen, was Deutschland *mir* zerstört hat, zu meinen Lebzeiten nicht mehr. Ein deutscher Literat ist in der von Amerika mit Rußland regierten und kontrollierten Welt bestenfalls eine lästige Figur.

3. November 1945

... Als ich in den Jahren nach dem ersten Krieg sah, wie ganz Deutschland nahezu einmütig seine Republik sabotierte und nicht das mindeste gelernt hatte, wurde es mir leicht, die Schweizer Staatsangehörigkeit anzunehmen, was ich wäh-

rend des Krieges, trotz meiner Verurteilung der deutschen Machtpolitik, nicht hatte tun können. In einem meiner Bücher habe ich damals den kommenden zweiten Krieg mahnend und angstvoll an die Wand gemalt, wurde aber nur freundlich ausgelacht.
Da sagte ich mich für immer vom politischen Deutschland los. Heute bekomme ich viele Briefe von Deutschen, die Anno 18 jung waren und mir schrieben, es klinge ihnen noch der Ton meiner Aufsätze aus jener Zeit in den Ohren, und sie wollten, sie und alle hätten jene Mahnungen ernster genommen.
Nun, ich hatte es leichter als andere, kein Nationalist zu sein. Unsre Familie war sehr international, was ja auch zur Heidenmission paßte, und ich hatte schon früh außer dem Geist Luthers und Bengels auch den indischen verspürt. Leute wie mein Großvater und mein Vater hätten eigentlich schon keine Nationalisten mehr sein dürfen, doch brauchte es eben noch eine Generation, um das zu klären. Dafür stehen wir jetzt vor den neuen, erschreckenden Nöten und Aufgaben! Darin bin ich mit Ihnen einig, daß man da mit dem Straf- und Vergeltungsmaßstab nicht weiterkommt, und das Loskommen davon grade von denen geleistet werden muß, die jetzt am schwersten leiden.

15. Dezember 1945
...denn hinter allen diesen Dummheiten und Verlegenheiten steht eine so ungeheure, animalische, elementare Not, ein so gehäuftes Elend, daß jeder, der in Deutschland noch Verwandte und Freunde hat, zuweilen nachts am Alpdruck aufwacht.
Politisch hat dort niemand etwas gelernt, doch ist eine sehr kleine, durch Hitler und Himmler auf ein Minimum reduzierte Schicht vorhanden, die genau Bescheid weiß, und zu der ich manche Beziehungen habe. Doch reicht diese Schicht Humus längst nicht aus als Boden für eine neue Republik. Vorerst muß man damit zufrieden sein, daß wenigstens keine Machtmittel mehr vorhanden sind, die mißbraucht werden können.

Hier in Helvetien haben wir ja eine wundervolle, eine vorbildliche Verfassung. Würden ihre Möglichkeiten ausgenützt, so wäre das Leben hier nicht so grämlich und ängstlich wie es ist. Aber wenigstens hat je und je ein Winkelried die Courage, einen gestohlen habenden hohen Militär einen Dieb zu heißen, und zuweilen hat das sogar lästige Folgen für den Offizier. Dessen freut sich das Volk, und blickt im übrigen mit ängstlicher Hoffnung auf das mächtige Amerika, von dem man sich zwar unverstanden fühlt, das aber doch hübsch fern liegt und darum weniger Furcht erweckt als das ganz nahe gerückte Rußland.

1. März 1946
Über Ihren Brief war ich gerührt, aber auch tief erschrocken. Ihr habt also von allem und allem nichts gewußt! Nicht, daß Hitler durch seinen Münchner Putsch in seiner Gefährlichkeit bloßgestellt war, nicht, daß er von Euren »republikanischen« Behörden statt bestraft, verhätschelt wurde, etc. etc., bis zum scheußlichen Bockenheimer Dokument, das noch lang vor Hitlers Machtergreifung in allen deutschen Zeitungen stand, und das jedem nicht völlig Blindseinwollenden vollends die Augen öffnen mußte. Und dann, von 1935 an, konnte man in Eurem Land an keinem Kurort vorbeifahren, ohne große Tafeln zu lesen »Juden unerwünscht«, von dem überall angebrachten »Juda verrecke« zu schweigen, aus dem jeder nicht Blinde die nahenden Pogrome deutlich ablesen konnte. Nein, für mich war Hitler schon manche Jahre vor seiner Machtergreifung kein Rätsel mehr, und leider auch das deutsche Volk nicht mehr, das den Satan dann wählte und anbetete, und ihm jeden Kredit zu jeder Scheußlichkeit gab. Ich bin froh, daß ich schon während des ersten Krieges von Deutschland und seiner verfluchten Kanonenpolitik mich losgemacht und losgesagt habe. Das Leben als Vaterlandsloser ist auch kein Schleck, aber mir war es unendlich viel lieber als das Mitverantwortlichsein für die deutsche Blindheit, Wurstigkeit und Roheit in allem Politischen. Daß auch ein Mann wie Sie blind und ahnungslos bleiben konnte, ist von

hier draußen einfach unfaßlich. Daß Leute wie Korfiz Holm von all dem nichts wußten und wissen wollten, wundert mich gar nicht. Die Mehrzahl meiner Freunde in Deutschland wußte Bescheid, und manche sind gleich 1933 emigriert, andre in den Folterkammern der Gestapo verschwunden, so wie die Angehörigen und Freunde meiner Frau fast ohne Ausnahme in Himmlers Gasöfen in Auschwitz etc. verschwanden. Und Ihr habt von alledem nichts gewußt! Man glaubt es Euch natürlich nicht, denn in diese Kunst des Nichtwissens und Unschuldigseins, während man gleichzeitig bis an die Knie im Blut watet, kann kein andres Volk sich je hineindenken.
Nun, genug davon, es nützt ja nichts. An meinen Sympathien zu den Freunden drüben haben die Ereignisse wenig geändert, die Welt besteht ja nicht bloß aus Politik. Für uns draußen war eigentlich die schlimmste Zeit die etwa zwischen 1935 und 39, als die Scheußlichkeit immer wuchs und wuchs und man noch nirgends ein Zeichen dafür sah, daß die Welt sich empören, und ihr den Krieg erklären werde. Der Kriegsbeginn war für uns, trotz allem, ein Aufatmen. Endlich geschah etwas! Und unsre Wünsche und Gebete galten dem Untergang Hitlers und seiner Heere, obwohl in ihnen zahllose mir verwandte oder befreundete Leute standen.

6. April 1946

... Ihre Auffassung, daß Völker für das, was sie tun, nicht verantwortlich seien, wird von der demokratisch lebenden Welt nicht geteilt, auch von mir nicht. Deutschland hat nach dem ersten Krieg viel verloren, und nur ein einziges wertvolles Geschenk erhalten: die Republik. Sie wurde von neunzig Prozent des Volkes einmütig sabotiert. Jener Hitler, von dem Sie meinen, er sei erst von 1933 an machtlüstern und gefährlich geworden, war jedem, der sehen wollte, schon Anno 1923 vollkommen deutlich erkennbar, und als er nach seinem gemeinen Münchener Putsch nicht füsiliert oder streng eingesperrt, sondern in Festungshaft verpäppelt und verwöhnt wurde, wußte jeder in der Welt, der sehen wollte, was aus Deutschland werden würde. Ich bin damals aus der deutschen Staatsangehörigkeit ausgetreten und Schweizer geworden, und habe damals den »Steppenwolf« geschrieben, in dem der nahende Krieg drohend an die Wand gemalt wird ...

25. März 1948

Lieber Freund Suhrkamp

Ich lege diesem Brief auch die Abschrift zweier Telegramme bei, da ich es für gut halte, wenn Sie davon wissen. Ich bin ziemlich ahnungslos, weiß politisch nur über Bechers Person Bescheid, und sehe in der Depesche einen Versuch, mich zu Äußerungen zu verlocken, die sich im russischen Sinn ausbeuten lassen könnten.

Telegramm Berlin 21. März 1948 an H. Hesse, Montagnola
Aus tiefer Besorgnis und im Bemühen um einen gemeinsamen Weg erbitten wir Ihre Stellungnahme zu der Frage, ob ein Friede mit Deutschland eine sofortige Entspannung der Weltlage herbeiführen könnte und welche Schritte zum schnellen Abschluß eines Friedens mit Deutschland wünschenswert sind. Antwort bis fünf Seiten für Friedensheft Mai. Zusage erbeten an Redaktion Aufbau. Johannes R. Becher Paul Wiegler Bodo Uhse

Montagnola 21. März

an die Redaktion des Aufbau Berlin

Halte literarische Unterhaltung über Politik für wertlos. Mit kollegialem Gruß Ihr H. Hesse

Januar 1949

Briefe wie den Ihren, von wohlgesinnten und suchenden jungen Deutschen, bekomme ich viele hundert im Jahr, und es sind vom Reaktionär bis zum Kommunisten alle Schichten vertreten. Aber bei allen gibt es Dunkelheiten und Widersprüche in der Logik, auch bei Ihnen. Sie hören gläubig dem Professor zu, der die Schuld am Zustand der Welt auf den »Eintritt der Massen in die Geschichte« schiebt, und sind selber der Sohn eines Akademikers, der im Vollbesitz der bürgerlich-individualistischen Traditionen dennoch, wie 99 Prozent seiner Kollegen, »nominell« der Partei Hitlers angehörte. Nominell oder wie immer, er hat durch seine Mitgliedschaft Hitler und die Judenfolterungen und die ganze satanische Welt jenes Deutschland bejaht und unterstützt. Und bezieht dafür noch heute und unter den Russen eine Pension, sei sie noch so gering. Unter Hitler hätte er die als gewesenes Mitglied der Kommunistischen Partei nicht bekommen. Die Russen sind also immer noch um einen winzigen Grad menschlicher als die Partei es war, der Ihr Vater angehörte. Für uns Ausländer sind alle diese Dinge, oder vielmehr die Einstellung des deutschen Volkes zu ihnen, nicht recht begreiflich. Aber wir sind daran gewöhnt, daß man das in Ihrem Lande besser weiß, und daß sehr wenige dort Lust haben, einfach die ungeheure Schuld sich selber einzugestehen und sie auf sich zu nehmen.

April 1949
Ich habe von allem Anfang an den Kommunismus genau ebenso für mich abgelehnt wie den Fascismus, aber doch mit dem Unterschied, daß ich den Kommunismus für einen Versuch halte, der gemacht werden muß, während der Fascismus lediglich ein nutzloser Versuch des Rückschritts ist. Aber solang der Kommunismus nicht etwa die Verteilung von Macht und Besitz unter Alle sich zum Ziel setzt, sondern die »Diktatur des Proletariats«, ist er mit Marx verglichen ein Rückschritt, und solang seine Nutznießer nicht das Volk, sondern die kleine Clique von Bonzen sind, ist ja nicht weiter darüber zu reden.

19. September 1949
Danke für Ihren Brief. Ich verstehe und billige seine Tendenz, doch macht es mich traurig zu sehen, wie auch ein Mann wie Sie durch die Brille einer Theorie die reale Welt falsch sehen kann. Mein treuer Verleger und Freund Suhrkamp ist für Sie, auf Grund einer marxistischen Schablone, ein rückständiger Kapitalist, der meine Bücher dem jämmerlichen Bourgeois verkauft, sie dem edlen und nach nichts als Geist und Bildung

strebenden Arbeiter aber tückisch vorenthält. Glauben Sie wirklich im Ernst an solche Märchen?
Für mich ist weder der Arbeiter so heilig, der auf die Minute seine Arbeit verläßt, um heim oder ins Kino zu gehen, noch ist der »Kapitalist« und Unternehmer, der seinen bedrohten Betrieb und seine Leute zu halten sucht und weder Feierabend noch Kino noch Ferien kennt, für mich der rückständige Typ wie Sie ihn sehen. Für mich ist z. B. Suhrkamp vor allem ein Mann, eine Person, ein Charakter, und da kann ich nur sagen: wenn Deutschland tausend solche Menschen und Charaktere hätte, wäre es zu retten. Dieser Mann, über den Sie mir so töricht schreiben, hat Gefängnis, K.Z., Verurteilung zum Strang und schwerste Mißhandlung erduldet, ohne einen Schritt weit nachzugeben. Er hat, ohne ein einziges Wort der Klage, im Krieg seinen persönlichen Besitz und seinen Verlag verloren, und jetzt beginnt er seinen Verlag, darunter auch mein Werk, langsam und geduldig wieder aufzubauen. Er gerät damit in manche Nöte, unter andrem wollen ihm die Sieger, die ihn als Nazigegner etwas protegierten, minderwertige ausländische Literatur aufzwingen, er bleibt auch hier standhaft ohne jede Rücksicht auf Konjunktur. Und schließlich ist er nun, wie alle deutschen Verlage in diese schwerste Buchkrise seit 35 Jahren hinein geraten. Und in diesem Augenblick soll ich ihn im Stich lassen, soll ihn gar mit einem »Machtwort« anbrüllen, wie Sie es von mir erwarten?

31. Januar 1950
Ihre Bemühungen um die Erhaltung des Widerstandes gegen die faschistische Franco-Regierung in Spanien haben, wie Sie vermuten, meine volle Sympathie. So betrübend es ist, daß die USA, wie es scheint, dazu neigen, ihre demokratische Ideologie nur noch in besetzten Ländern zu verfechten, so hoffe ich doch, das Weltgewissen werde nicht wieder einschlafen und das spanische Volk werde eine seiner würdigere politische Daseinsform gewinnen.

3. Februar 1950

Und dennoch ist die braune Welle des Nationalsozialismus, die Ihre Heimat überfallen und geschändet hat, mit der ebenso grausigen roten Terrorwelle nicht einfach gleichzusetzen. Wir um einen Grad über Durchschnitt Wachgewordenen mögen den Terror in jeder Form hassen und die Vergewaltigung des Menschen in jeder Form verabscheuen, aber dennoch dürfen wir Hitler und Stalin, oder vielmehr dürfen wir Faschismus und Kommunismus nicht in *einen* Topf werfen. Der faschistische Versuch ist ein rückläufiger, unnützer, törichter und gemeiner Versuch, der kommunistische Versuch aber ist einer, den die Menschheit machen mußte, und der trotz seinem traurigen Steckenbleiben im Unmenschlichen wieder und wieder wird gemacht werden müssen, um zwar nicht die dumme »Diktatur des Proletariats«, aber doch etwas wie Gerechtigkeit und Brüderlichkeit zwischen Bürgertum und Proletariat zu verwirklichen. Man vergißt das leicht bei der Ähnlichkeit der Methoden, mit der Faschismus und Kommunismus arbeiten. Aber das Vergessen ist uns nicht erlaubt, wir müssen uns immer wieder über die Wirklichkeit klar werden.

1950

Schönen Dank für Ihren lieben und guten Brief. Was Sie mir darin von der Jugend erzählten, die ohne Möglichkeit des Widerstandes, der Kritik und Nachprüfung der Erziehung in der Hitlerjugend ausgeliefert war, ist mir nicht neu, ich habe das gleiche schriftlich und mündlich viele hundert Male genau erzählt bekommen und den Erzählenden recht geben müssen. Dennoch sind Unstimmigkeiten da. Zum Beispiel sagen Sie nicht, daß Sie als Kind für das *Vaterland* zu leben und zu sterben bereit gewesen seien, sondern für Hitler. Aber Sie und Ihre Leidensgenossen haben ja hundertmal Bilder dieses Menschen gesehen, haben hundertmal sein Gebrüll am Radio gehört! Das bleibt uns doch nur halb verständlich. Und dann stellten Sie, noch mit einem Rest von nationalistischem Ressentiment, fest, daß die siegreichen Feinde jetzt gegen Deutschland genau ebenso verführen wie Deutschland einst gegen seine Feinde. Dies nun ist einfach eine sentimentale Täuschung. Niemand konnte und kann enttäuschter sein als ich über die Fehler der Besatzungsmächte, die oft zum Himmel schrien, aber auch in den grausamsten Fällen ging es niemals so zu wie etwa in Frankreich und Holland unter deutscher Besetzung – und selbst wenn man über diesen Unterschied wegsieht, bleibt immer noch das Verfahren der Deutschen gegen die Juden übrig: dem haben alle Völker der Welt in den letzten Jahrhunderten nichts Gleiches entgegenzustellen.

10. August 1950
Daß die sozialen Zustände am Ende der kapitalistischen Epoche nicht mehr lebensfähig sind und vom Aufstand der Benachteiligten weggefegt werden, ist unvermeidlich, insofern führt Truman einen ebenso vergeblichen Kampf wie Hitler. Aber daß aus der Mit- und Gleichberechtigung aller Menschen an den Gütern der Erde die »Diktatur des Proletariats« gemacht wurde, zeigt ja schon, wie die Idee erkrankt und mißbraucht ist.
Ich weiß nicht mehr zum Thema zu sagen. Im Augenblick ist mir von beiden Weltfronten die eine so fremd wie die andre, beide sind militant, beide unduldsam, beide im Grunde phantasielos, also unschöpferisch. Gandhi war mehr als sämtliche amerikanischen Präsidenten des Jahrhunderts samt sämtlichen Vertretern und Schöpfern des Kommunismus von Marx bis Stalin.

Sommer 1950
Die Frage, auf welcher Seite wir im koreanischen Krieg zu stehen haben und wer für ihn und seine Folgen als verantwortlich anzusehen sei, werdet Ihr gewiß ähnlich beantwortet haben wie ich. Wir haben in diesem unsinnigen Krieg ebenso wie in jedem andern Kriege, der heute irgend denkbar ist, nicht auf der Seite dieser oder jener kriegführenden Macht zu stehen, das ist klar, sondern wir lehnen den Krieg an sich

ein für allemal ab und halten ihn für ein vollkommen unnütz und töricht gewordenes Mittel zur »Fortsetzung der Politik«. Es ist damit wie mit den Atombomben: gemacht und vervollkommnet und aufgespeichert werden sie genau von denselben Mächten, die zu ihrem eigenen Schaden den letzten Weltkrieg »gewonnen« haben und denen es nicht gelungen ist, daraus etwas anderes zu lernen, als daß man eben noch viel heftiger rüsten müsse als je. Die Staatslenker und Generäle der Großmächte haben nichts gelernt und wollen nichts lernen, sie haben seit ihrem traurigen »Sieg« kaum etwas für den Frieden, aber sehr viel für die Ermöglichung neuer Kriege getan. Wir halten sie, bis zum letzten bei der Bombenfabrikation mitarbeitenden Physiker, für unsre Feinde und für die Feinde des Friedens und der Menschheit.

14. September 1950

Ich bin ein Gegner des Fanatismus, der die ganze Menschheit in zwei Fronten teilen und diese Fronten mit allen teuflischen Tötungsmitteln aufeinander hetzen möchte. Und darum glaube ich nicht daran, daß eine Wiederaufrüstung Ihrem Lande Segen bringen würde. Besser ist es, Unrecht leiden als Unrecht tun. Falsch ist es, mit verbotenen Mitteln das Erwünschte verwirklichen zu wollen. Das sind Torheiten für die Generäle, und die Staatsmänner lachen darüber, doch sind es alte und bewährte Wahrheiten. Eine neue und hellere Epoche der Weltgeschichte und der Beziehungen zwischen den Völkern wird gewiß nicht von den Siegern in den nächsten Weltkriegen geschaffen werden, vermutlich aber von den Leidenden und auf Gewalt Verzichtenden.

Oktober 1950

Aber die gleiche aufgepeitschte, hysterische Kriegsangst, die gleiche Anfälligkeit für Gerüchte, die gleiche blinde Hinnahme von satanischen Suggestionen und die gleiche törichte, ungeprüft weitergegebene Meinung, daß es nun selbstverständlich wieder das »arme Deutschland« sei, das den Schauplatz der kommenden Greuel abgeben müsse, steht auch in vielen anderen Briefen, Aufsätzen und andern Mitteilungen, die mir von drüben zugehen. Man hat Angst, man zittert vor Feigheit, man atmet das Gift der Aufpeitschung, der Gerüchte und Lügen mit einer selbstquälerischen Sensationslust ein, und schwatzt verantwortungslos und kritiklos nach, was die Angstmacher und Kriegshetzer einblasen. Genau wie Ihr einst, es ist noch nicht lange her, Euch von Hitlers Propaganda die Todesangst vor den Bolschewiken so lange habt einschwatzen lassen, bis das ganze Volk bereit war, wieder einen Krieg auf sich zu nehmen, so macht Ihr heute den Leuten, die am Zustandekommen eines neuen Krieges interessiert sind, die Freude, ihrer Reklame und Propaganda wie Behexte Glauben zu schenken und zuzustimmen.

Lieber Freund, ein Krieg kommt nicht aus dem blauen Himmel herab, er muß gleich jeder andern menschlichen Unternehmung vorbereitet werden, er bedarf der Pflege und Mitwirkung vieler, um möglich und wirklich zu werden. Gewünscht aber, vorbereitet und suggeriert wird er durch die Menschen und Mächte, denen er Vorteil bringt. Er bringt ihnen entweder direkten baren Geldgewinn wie der Rüstungsindustrie (und sobald Krieg ist – wie unzählige vorher harmlose Gewerbe werden da zu Rüstungsgeschäften, und wie automatisch strömt das Kapital diesen Geschäften zu!) oder er bringt ihnen Gewinn an Geltung, Achtung und Macht wie etwa den stellenlosen Generälen und Obersten. So sind zum Beispiel an der Wiederaufrüstung von Deutschland, Japan und anderen zur Zeit militärlosen Ländern viele Tausende und Zehntausende interessiert, Leute mit harten Rechnerseelen oder ehrgeizigen Kriegerseelen, und zu den Mitteln, mit denen diese Leute den von ihnen gewünschten Krieg vorzubereiten bemüht sind, gehört die Verbreitung der Unsicherheit und Angst – und Ihr, Freunde, die Ihr dieser Ansteckung erliegt, helft dadurch mit, den Krieg zu ermöglichen und herbeizurufen. Daß man Euch nach dem, was Ihr seit 1914 bis heute erlebt habt, noch darüber aufklären muß, ist traurig und beschämend und bestätigt jenen fatalen, angeblich Hegelschen Spruch: das einzige, was man aus der Weltgeschichte

lernen könne, sei, daß noch nie aus der Weltgeschichte etwas gelernt worden sei.
Ich bin der letzte, der von Euch erwartet, daß Ihr die Augen vor der Wirklichkeit schließen und Euch hübschen Träumen hingeben sollt. Die Welt ist voll von Gefahren und Kriegsmöglichkeiten, und die »Bolschewiken« sind keineswegs die einzigen Bedroher, sie stehen unter demselben Zwang und sie sind vermutlich in der Mehrzahl ebensowenig für das Schießen und Erschossenwerden begeistert wie wir. Bedroher unsrer Welt und jedes Friedens sind jene, die den Krieg wünschen, die ihn vorbereiten und uns durch vage Versprechungen eines kommenden Friedens oder durch die Angst vor Überfällen von außen zu Mitarbeitern an ihren Plänen zu machen versuchen.
Diesen Leuten und Gruppen, für die der Krieg ein Geschäft ist, und zwar ein besseres als der Friede, diesen Vergiftern und Beschwörern tun Sie, lieber Freund, den Gefallen, ihren Suggestionen widerstandslos zu erliegen. Sie übernehmen damit eine Mitverantwortung am etwaigen Kriege. Statt in Ihrer Seele alle Helligkeit und Wachsamkeit, alle Tapferkeit und Heiterkeit zu sammeln und zu stärken, wie es nötig und ihre Aufgabe wäre, lassen Sie den Kopf hängen, tragen das Gift der Blindheit und Angst weiter und liefern sich und Ihre Umgebung dem unsinnigen Grauen aus. Ich weiß nicht, ob Sie ahnen können, welcher Schmerz und welche Enttäuschung es für mich sein mußte, gerade von einem alten, treuen Leser, Schüler und Gefolgsmann wie Sie so im Stich gelassen und von der Fruchtlosigkeit all meiner Bemühungen überzeugt zu werden. Auch hierüber einen Augenblick nachzudenken, würde vielleicht gut sein, es würde vielleicht helfen, ein wenig Licht in Ihre Verfinsterung zu bringen.
Sollten Sie einmal über die Wiederaufrüstung Ihres Landes abzustimmen haben, so rate ich Ihnen weder zu Ja noch zum Nein, sondern hoffe, daß Sie Ihre Stimme nach klarer und gewissenhafter Überlegung, nicht aber unter dem Druck dieser Hysterie abgeben werden. So sehr ich Vernunft und Verzicht auf Gewalt für den einzigen Weg in eine bessere Zukunft halte, gebe ich doch zu, daß von Land zu Land und von Fall

zu Fall Anpassungen an das Bestehende und Aktuelle unvermeidlich sind. So habe ich hier bei uns in der Schweiz die Einrichtung einer Armee, die nur auf Angriff hin unser Land verteidigt, und die sich in zwei Kriegen bewährt hat, niemals aus pazifistischem Puritanismus angefochten. Es wird gewiß in jedem zur Zeit mächtigen Staat der Welt eine Kriegspartei geben, doch fehlt es auch in besiegten und entwaffneten Ländern nicht an Leuten, die lieber heut als morgen wieder Aufträge für Heer und Krieg annehmen würden, und auch nicht an solchen, die gern wieder statt als Herr Müller als Herr Oberst oder Herr Leutnant angeredet werden möchten. Und so ist es überall. Wir Freunde des Friedens und der Wahrheit, Sie und ich, dürfen nicht diesen Geschäftemachern und Strebern Gehör schenken und helfen, wir müssen stets zu unsrem Glauben stehen, daß es andre Wege zum Frieden und andre Mittel zur Ordnung und Entgiftung der Welt gibt als die Bomben und den Krieg.

9. Januar 1951
Ich sehe die Welt als Künstler an und glaube zwar demokratisch zu denken, fühle aber durchaus aristokratisch, das heißt ich vermag jede Art von Qualität zu lieben, nicht aber die Quantität.
Daß Platon mit seinem Versuch, dem Geist auch politisch auf den Thron zu verhelfen, gescheitert ist, wissen Sie, und auch, daß er, der Künstler, sich zur Politeia hat verirren können, einem frühen Versuch, die Welt vom Verstand her zu regieren. Trotz seinem doppelten Mißerfolg hat Europa zweitausend Jahre lang eine zwar unerfreuliche Weltgeschichte, aber auch eine wertvolle Kultur hervorgebracht. Fast zur selben Zeit wie er lebten die größten der chinesischen Weisen, machten ähnliche Versuche und brachten zwar kein vom Geist regiertes Reich, aber eine tiefe Einsicht in das Verhältnis von Staat und Geist zustande.
Uns, denen von der Kunst, von der Natur oder den Wissenschaften her der Sinn für Qualität und der Dienst an ihr als Aufgabe geworden ist, uns kann es niemals obliegen, der

Quantität zu dienen und, sei es auf westliche oder östliche Weise, den Irrtum zu fördern, daß die menschlichen Probleme sich wie mathematische lösen ließen. Wir haben den Werten zu dienen, an die wir wirklich glauben, nichts anderem, auch wenn wir ihnen nur auf engstem Raum dienen können, im eigenen Leben und etwa in kleinen Gemeinschaften. Wir haben zu riskieren, daß wir dabei unter die Räder geraten und zu Grund gehen, aber auf welchem Posten in der Welt und Geschichte hätten wir das nicht zu wagen? Überall!

Es kommt einzig auf den Mut an. Er geht auch dem Tapfersten oft verloren, dann neigen wir zum Suchen nach Programmen, nach Sicherheiten und Garantien. Der Mut bedarf der Vernunft, aber er ist nicht ihr Kind, er kommt aus tieferen Schichten.

24. Januar 1951

Was Du in Deinem letzten Brief über (...) sagst, wie unbegreiflich es sei, daß ein so herzensreiner Mensch habe Nazi sein können, das hat auch mich zuweilen geplagt. Aber teilweise läßt es sich erklären.

Bis zum Ende des ersten Krieges war in Familien wie der unsern, die Anerkennung der legitimen Autorität (Staat, Kaiser, Kanzler, Behörden) etwas Selbstverständliches und Unantastbares. Dagegen ist nichts zu sagen. Aber die Autorität versagte, der bisher so vorlaute Kaiser lief davon, entsetzt mußte der Bürger eine Revolution mitansehen, und plötzlich war man kein Reich, keine Monarchie mehr, sondern eine Republik, d. h. das Volk selber sollte an der Ordnung seines Lebens teilhaben und mitarbeiten. Mit Ausnahme der paar alten Demokraten und der Sozialdemokraten hatte davon aber niemand eine Ahnung, die Republik war der Hälfte des Volkes unverdaulich und zuwider, besonders den bisherigen Hütern von Thron und Altar, wozu obenan die Gelehrten, die Leute an den Hochschulen gehörten. Sie haben es versäumt, die junge Republik anzunehmen und aufbauen zu helfen und dieses Versäumnis hat W. natürlich auch begangen. Statt sich um den jungen neuen Staat zu kümmern,

sabotierte man ihn und setzte seine Hoffnungen auf »starke Männer« wie Hindenburg etc., von da zu Hitler war es nicht mehr weit. – Aber dann kommt bei unsrem W. noch etwas dazu: er hat grade in jenen Jahren, in der Nähe einer deutschen Gesandtschaft, als Mitglied einer »Deutschen Kolonie« im Ausland gelebt, und das war keine gute Luft, diese von den Gesandtschaften abhängigen und vor ihnen katzbuckelnden »Kolonien« waren richtige Treibhäuser für Kaiseranbetung, Titelsucht, rhetorischen Patriotismus etc. Diese Luft hat unser guter W. arglos lange Zeit geatmet, und das hat noch viel mehr als seine Zugehörigkeit zu den Professoren ihn gehindert, jemals in politischen Dingen sich nicht als frommer Untertan zu fühlen, sondern die Augen aufzumachen und eigenes Denken und Urteilen zu wagen.
Sonst ist ihm nichts vorzuwerfen, er ist unschuldig wie ein Kind den Weg mitgegangen, der die große Mehrzahl seiner Standesgenossen schließlich zu Hitler geführt hat.

18. Februar 1953
Die Macht einer internationalen Schriftstellervereinigung wird in jedem Fall eine sehr geringe sein. In den Ländern und Völkern, in deren Macht es stünde die Weltgeschichte ernstlich zu beeinflussen, gibt es eine wirkliche Macht der Literatur längst nicht mehr. Dort wird die öffentliche Meinung nicht von einer Elite der besten Köpfe oder Charaktere geformt, sondern autoritativ befohlen. Da der einzelne Schriftsteller, auch wenn er einen noch so berühmten Namen hätte, von diesen Mächten je nach deren Belieben benützt oder unterdrückt werden kann, da ihm in den totalitären Systemen und Staaten die freie Meinungsäußerung nicht erlaubt wird, wird jeder halbwegs mündige Leser gegen jede Gesinnungsäußerung eines Autors mißtrauisch sein. Einen gewissen spärlichen Kredit, ein gewisses Vertrauen werden bei wachen Lesern daher bald nur noch jene Autoren genießen, die konsequent auf den Schutz verzichten, den ihnen die Zugehörigkeit zu einer Partei gewährt, die lediglich der Wahrheit dienen und lediglich ihrem Gewissen folgen wollen und bereit sind, im Ernst-

fall die entsprechenden Opfer zu bringen. Auf sie wird das Weltgewissen vielleicht ein wenig hören, sie werden in den Ruf einer Bereitschaft zu Tapferkeit und Märtyrertum kommen oder zumindest wird man sie nie, weder als Nutznießer noch als Mitläufer der großen Machtgebilde, verdächtigen dürfen.

Es mag Ansätze zur Bildung solch einer kleinen, übernationalen und unparteilichen geistigen Gemeinschaft geben. Wenn sie nur aus zehn, aus fünf, aus drei Männern oder Frauen bestünde, wäre ihr moralischer Wert größer als der einer tausendköpfigen Vereinigung von Intellektuellen mit Parteiabzeichen irgendwelcher Art.

10. Januar 1954

Zwischen Marx und mir ist, abgesehen von den viel größeren Dimensionen von Marx, der Unterschied der: Marx will die Welt ändern, ich aber den einzelnen Menschen. Er wendet sich an Massen, ich an Individuen ...

Januar 1955

In den Jahren, die zwischen der ersten Konzeption und dem wirklichen Beginn der Arbeit am Buche lagen und in denen ich noch zwei andre Aufgaben zu erfüllen hatte, hat die Dichtung, die später den Namen »Glasperlenspiel« bekam, mir in wechselnden Gestalten vorgeschwebt, bald in feierlichen, bald in mehr spielerischen. Es waren für mich Jahre leidlichen Wohlergehens nach einer ernsten Lebenskrise, und es waren auch Jahre der Erholung und wiederkehrenden Lebensfreude für das vom ersten Weltkrieg erschöpfte Deutschland und Europa. Zwar war ich in politischer Hinsicht wach und mißtrauisch geworden und glaubte nicht an die deutsche Republik und die deutsche Friedfertigkeit, aber die allgemeine Atmosphäre von Zuversicht, ja Behagen tat mir doch wohl. Ich lebte in der Schweiz, kam sehr selten nach Deutschland und habe die Hitlersche Bewegung lange Zeit nicht ernst genommen. Als sie nun aber, namentlich vom Bekannt-

werden des sogenannten Boxheimer Dokumentes an, mir in ihrer Gefährlichkeit und Dynamik sichtbar wurde, und als sie gar offenkundig zur Macht gelangte, war es freilich mit meinem Behagen zu Ende. Es kam mit den Reden Hitlers und seiner Minister, mit ihren Zeitungen und Broschüren etwas wie Giftgas aufgestiegen, eine Welle von Gemeinheit, Verlogenheit, hemmungsloser Streberei, eine Luft, die nicht zu atmen war. Es bedurfte der erst um Jahre später bekannt werdenden massiven Greuel nicht, es genügte dies Giftgas, diese Entheiligung der Sprache und Entthronung der Wahrheit, um mich wieder wie während der Kriegsjahre vor den Abgrund zu stellen. Die Luft war wieder giftig, das Leben war wieder in Frage gestellt. Dies war nun der Augenblick, in dem ich alle rettenden Kräfte in mir aufrufen und alles, was ich an Glauben besaß, nachprüfen und festigen mußte. Es war etwas heraufgekommen, weit schlimmer als einst der eitle Kaiser mit seinen halbgötterhaften Generälen, und würde vermutlich zu Schlimmerem führen als zu jener Art von Krieg, die wir kennen gelernt hatten. Inmitten dieser Drohungen und Gefahren für die physische und geistige Existenz eines Dichters deutscher Sprache griff ich zum Rettungsmittel aller Künstler, zur Produktion, und nahm den schon alten Plan wieder auf, der sich aber sofort unter dem Druck des Augenblicks stark verwandelte. Es galt für mich zweierlei: einen geistigen Raum aufzubauen, in dem ich atmen und leben könnte aller Vergiftung der Welt zum Trotz, eine Zuflucht und Burg, und zweitens den Widerstand des Geistes gegen die barbarischen Mächte zum Ausdruck zu bringen und womöglich meine Freunde drüben in Deutschland im Widerstand und Ausharren zu stärken.
Um den Raum zu schaffen, in dem ich Zuflucht, Stärkung und Lebensmut finden könnte, genügte es nicht, irgend eine Vergangenheit zu beschwören und liebevoll auszumalen, wie es etwa meinem früheren Plan entsprochen hätte. Ich mußte, der grinsenden Gegenwart zum Trotz, das Reich des Geistes und der Seele als existent und unüberwindlich sichtbar machen, so wurde meine Dichtung zur Utopie, das Bild wurde in die Zukunft projiziert, die üble Gegenwart in eine über-

standene Vergangenheit gebannt. Und zu meiner eigenen Überraschung entstand die kastalische Welt wie von selbst. Sie brauchte nicht erdacht und konstruiert zu werden. Sie war, ohne daß ich es gewußt hatte, längst in mir präformiert. Und damit war der gesuchte Atemraum für mich gefunden. Ich tat damals auch meinem Bedürfnis nach Protest gegen die Barbarei Genüge. In meinem ersten Manuskript gab es einige Abschnitte, namentlich in der Vorgeschichte, die mit Leidenschaft gegen die Diktatoren und die Vergewaltigung des Lebens und Geistes Stellung nahmen; diese in der endgültigen Fassung größernteils gestrichenen Kampfansagen wurden in meinem deutschen Freundeskreise heimlich abgeschrieben und verbreitet. Die Dichtung erschien noch während des Krieges in der Schweiz. Sie wurde von meinem deutschen Verleger in einer Abschrift, in der die krassesten antihitlerischen Stellen weggelassen waren, den deutschen Zensoren zwecks Erlangung der Druckerlaubnis vorgelegt, wurde von diesen aber natürlich abgelehnt. Später hatte die kämpferisch-protestierende Funktion meines Buches für mich keine Bedeutung mehr.

Februar 1956

Wenn wir, die wir an die Gewalt nicht glauben und uns ihren Ansprüchen möglichst zu entziehen suchen, dennoch zugeben müssen, daß es keinen Fortschritt gibt, daß die Welt nach wie vor von den Strebern, den Machtgierigen und Gewalttätern regiert wird, so kann man das, wenn man die schönen Worte liebt, tragisch nennen. Wir leben umgeben von Apparaten der Macht und Gewalt, oft knirschend vor Empörung über sie, oft der tödlichen Verzweiflung nah (Sie haben das in Stalingrad erlebt), wir dürsten nach Frieden, nach Schönheit, nach Freiheit für die Flüge unserer Seele, und hätten oft genug Lust, den Herstellern der Atombomben das vorzeitige Losgehn ihrer Teufelsapparate zu wünschen – und wir lassen diese Empörung und diese Wünsche doch nicht zur Blüte kommen, wir fühlen, daß es uns verboten ist, der Gewalt mit Gewalt zu begegnen. Unsre Empörung und jene schlimmen Wünsche belehren uns darüber, daß die Scheidung der Menschenwelt in Gut und Böse keineswegs eine reinliche ist, daß das Böse nicht nur in den Strebern und Gewaltmenschen lebt, sondern auch in uns, die wir uns doch friedliebend und wohlmeinend wissen. Kein Zweifel, daß unsere Empörung »gerecht« sei! Sie ist es. Aber sie läßt uns, die Verächter der Macht, doch für Augenblicke nach der Macht begehren, um ein Ende mit dem Unfug zu machen, um aufzuräumen. Wir schämen uns dieser Regungen und können doch ihre Wiederkehr nicht für immer verhindern. Wir haben teil am Bösen und am Krieg in der Welt. Und so oft wir diese unsere Zugehörigkeit erlebend erkennen, so oft wir uns ihrer schämen müssen, so oft wird uns auch deutlich, daß die Regenten der Welt keine Teufel, sondern Menschen sind, daß sie das Böse nicht aus reiner Bosheit tun oder zulassen, daß sie in einer Art von Blindheit und Unschuld handeln.

August 1956

Sie könnten als Soldat eingezogen und ausgebildet und irgend einem Feind gegenübergestellt werden. Dann werden Sie Ihren Priester, Ihre Kirche, Ihr Vaterland auf Ihrer Seite haben, wenn Sie den Feind totschießen. Sie werden zugleich aber das göttliche Verbot des Tötens gegen sich haben. Es wird dann Sache Ihres Gewissens sein, ob Sie die Gebote Gottes oder die der Kirche und des Vaterlandes befolgen sollen. Vermutlich werden Sie dann dem Priester und dem Vaterland mehr Autorität zugestehen als Gott. Sollten Sie das aber nicht tun und an der unbedingten Autorität von Kirche und Vaterland zu zweifeln beginnen, dann würden Sie schon zu denen gehören, denen »Demian« etwas zu sagen hat.

November 1956

An die Förderungsgemeinschaft: »Deutsche Kunst«, Stiftung: Hermann-Hesse-Preis

Sehr geehrte Herren! Soeben erfahre ich, daß als Preisrichter für den Literaturpreis, der meinen Namen trägt, auch

Prof. Sieburg figuriert. Ich möchte Sie darauf aufmerksam machen, daß dies nicht angeht. Professor Sieburg ist mir und der Welt bekannt als prominenter Nationalsozialist, und ich bin jedem, den diese Dinge interessieren, bekannt als Vertreter einer Weltanschauung, die zu den Gedanken und Taten des Nationalsozialismus in schroffstem Gegensatz steht. Ich stelle nun den Antrag, daß Sie entweder Professor Sieburg zum Rücktritt veranlassen oder Ihrem Preis einen anderen Namen als den meinen geben.

Friedrich Sieburg trat nach diesem Brief aus der Jury aus. Erster Träger des Hermann Hesse-Preises wurde Martin Walser.

11. März 1957
Sie waren Katholik und Kommunist und haben das Bedürfnis nach handfesten, autoritativen Programmen. Sie ehren Sokrates und Cervantes, weil sie in Schlachten mitgekämpft haben und haben offenbar nicht gemerkt, daß diese beiden zu den spöttischen und hintergründigen Geistern gehören, zu denen, bei denen Spaß und Ernst unheimlich ineinander verflochten sind – daß sie also gerade die Eigenschaften haben, die Sie mir und den andern heutigen Literaten so bitter und unartig vorwerfen.
Diese Verachtung für Geist und Dichtung, diese Knabenverehrung für Schwert, Blut und Schlacht, diese ganze edle Weltanschauung der Hitlerjugend ist einer Antwort nicht wert. Wozu reden mit Leuten, deren Sprache der Prügel ist? Wozu schreiben an Leute, die nicht lesen können noch es lernen wollen?

5. August 1958
Für mich gibt es *zwei* Menschengeschichten, die politische und die geistige. Etwas wie Fortschritt ist in beiden nicht feststellbar. Ob Simson die Philister mit einem Knochen totschlägt oder Hitler Raketengeschosse nach England speit, ist das selbe. Und von der Philosophie der Upanishaden bis zu

Heidegger ist auch kein Fortschritt wahrzunehmen. Dagegen unterscheiden sich die beiden Historien doch sehr. Die sogenannte Weltgeschichte mag man betrachten in welchem Abschnitt man will, so ist sie häßlich, grausam und teuflisch. Die Geschichte der Sprachen, der Denkweisen, der Künste aber ist auf jeder Strecke voll schöner, liebenswerter Bilder und Blüten. Sie ist es, deretwegen vermutlich der Schöpfer trotz allem die Menschheit bis heute hat weiter existieren lassen.

Dezember 1959
Ich bin ein indisch-christlich erzogener Einzelgänger, dem jedes Machenwollen von Weltgeschichte, jedes Ändernwollen der Welt durch Gewalt, durch Saalschlachten, Kriegführen etc. etc. unsinnig und falsch erscheint, der auch die Weltgeschichte genügend viel betrachtet hat, um seine Meinung durch sie völlig bestätigt zu finden. Daß ein Zar durch einen Stalin, einen Kadar, Chruschtschew, Ulbricht ersetzt wird, ist kein Gewinn, es ist ein Tausch, keiner Opfer wert. Und daß auch im Westen nichts gut geworden ist, wissen Sie ja auch. Auf Grund dieser Anschauungen sehe ich in allen Versuchen, die Welt gewaltsam zu verbessern, nur Irrtümer. Was durchaus aber nicht hindert, daß ich vor dem guten Willen und Glauben des idealistischen Mitgängers und Mitkämpfers Respekt habe.

12. März 1960
Das Mißtrauen gegen Deutschland besteht im Ausland, wenn auch nicht mehr so heftig wie einst, noch fort. Schuld daran ist heutzutage weniger das, was das deutsche Volk unter Hitler gesündigt hat, als der sehr bedenkliche Umstand, daß auch heute noch alte Nazileute in hohen Ämtern, sogar in Ministerien, sitzen, oder in Ruhe hohe Pensionen beziehen. Hier hat das Mißtrauen gegen Deutschland auch meiner Ansicht nach völlig recht.

19. März 1960

Ihr Brief meldet mir nichts Neues. Was Sie da an politischen Gefahren entdecken ist das Selbe, was ich vor 50 Jahren zwar nicht entdeckt aber ahnungs- und gefühlsweise gespürt habe, als ich Deutschland verließ, um nie mehr dorthin zurückzukehren. Es ist die politische Unfähigkeit und Unzuverlässigkeit des Volkes. Während des Krieges von 1914 wurde mir das vollends klar, wurde durch das Schicksal der »Republik« Deutschland, dann durch Hitler, dann durch die servile Gelehrigkeit des Volkes, mit der es sich amerikanisieren ließ und durch vieles andre bestätigt.

Das deutsche Volk, trotz seinen vielen guten Begabungen, eignet sich wie kaum ein andres zur Diktatur, ist ihr von Bismarck bis Adenauer stets offengestanden. Sie sind jung und die Entdeckung dieser Dinge ist Ihnen neu und erschreckt Sie, aber die Dinge sind alt und zwar betrübend, aber nicht in dem Maß wie Sie sie jetzt sehen. Deutschland ist ein kleiner Teil der Welt und seine Bedeutung für die Welt ist heute sehr viel kleiner als je seit 1870. Mir geht die Amerikanisierung Japans, die Militarisierung Chinas, der Untergang Tibets etc. etc. weit näher als die deutschen Ereignisse.

4. oder 6. Mai 1961

Einen Rückfall in die fascistische Massensuggestion, wenn auch nur für kurze Perioden, halte ich in mehreren Ländern, nicht nur Europas, für möglich. Je mehr die individuelle Persönlichkeit und die Familie in den modernen Staaten an Wertschätzung und Wirkungsmöglichkeit verliert und durch Kollektiv und Gleichschaltung ersetzt wird, desto größer die Gefahr.

Die Schriftsteller, oder doch die Dichter, sollten sich an Umfragen so selten wie möglich beteiligen, und sollten zu ihren Lesern sprechen wie Mensch zu Mensch, nicht wie ein Lehrer zur Schulklasse oder ein Wahlredner zur Menge spricht.

Bibliographischer Nachweis

O, Freunde, nicht diese Töne! Erstmals NZZ (Neue Zürcher Zeitung) 3. 11. 1914, später aufgenommen in »Krieg und Frieden. Betrachtungen zu Krieg und Politik seit dem Jahre 1914.« Zürich 1946. Erw. Ausgabe Berlin 1948, dritte erw. Ausgabe Frankfurt 1962. »Dem Andenken meines lieben Romain Rolland gewidmet«.
An einen Staatsminister. Erstmals NZZ 12. 8. 1917, später in »Krieg und Frieden«.
Soll Friede werden? Erstmals NZZ 30. 12. 1917, später in »Krieg und Frieden«.
Wenn der Krieg noch zwei Jahre dauert. Erstmals NZZ 15. u. 16. 11. 1917. Erschienen unter dem Pseudonym Emil Sinclair, später in »Krieg und Frieden«.
Krieg und Frieden. Erstmals NZZ 6. 10. 1918, später in »Krieg und Frieden«.
Weltgeschichte. Erstmals NZZ 21. 11. 1918, später in »Krieg und Frieden«.
Der Weg der Liebe. Erstmals in »Vivos Voco« 1919, später in »Krieg und Frieden«.
Du sollst nicht töten. Erstmals in »Vivos Voco« 1919, später in »Krieg und Frieden«.
Eigensinn. Erstmals in »Schweiz« 1918, dann in »Vivos Voco«, später in »Krieg und Frieden«.
Brief an einen jungen Deutschen. Erstmals in NZZ 21. 9. 1919, später in »Krieg und Frieden«.
Aus dem »Alemannischen Bekenntnis«. Aus »Alemannenbuch« 1919, Seldwyla Verlag Bern, S. 7–8. Dies ist der erste Nachdruck.
Zarathustras Wiederkehr. Ein Wort an die deutsche Jugend. Von einem Deutschen. Anonym. Erstmals Bern 1919, dann ›Simplizissimus‹ 1919, später in »Krieg und Frieden«.
Zum Antisemitismus (I). Rezension über Wilh. Michel: »Verrat am Deutschtum«, 1922 in »Vivos Voco«. Hier erstmals in Buchform.
Zum Antisemitismus (II). »Über den Judenhaß. Ein Wort von Hermann Hesse an die deutsche Jugend« (1958). Schweizerische Monatshefte 1958. Hier erstmals in Buchform.
Aus einem Tagebuch vom Juli 1933. Unveröffentlicht. Nach Manuskript.
Über Ernst Blochs: »Erbschaft dieser Zeit«. Rezension aus Bonniers Litterära Magasin 1935. Aus »Neue deutsche Bücher«. Hrsg. Bernhard Zeller. Turmhahn Bücherei, Klett Verlag Stuttgart 1965.

Schluß des Rigi-Tagebuches. Erstmals in »Krieg und Frieden«.
Ansprache in der ersten Stunde des Jahres 1946. Erstmals in »Krieg und Frieden«.
Geleitwort zur Neuausgabe von »Krieg und Frieden«. Erstmals in »Krieg und Frieden« 1946.
Ein Brief nach Deutschland. Erstmals in »Krieg und Frieden«.
Versuch einer Rechtfertigung. Erstmals in »Krieg und Frieden«. Die Briefzitate sind dem Band Hermann Hesse: »Briefe, Erweiterte Ausgabe 1964« entnommen.
Die Briefe vom 21. und 25. März 1948 und den Brief vom November 1956 zitierten wir aus dem Briefwechsel: Hermann Hesse – Peter Suhrkamp. Briefwechsel 1945–1959, hrsg. von Siegfried Unseld. Frankfurt 1969 S. 85/86 und S. 438.
Die folgenden Briefe sind hier zum erstenmal veröffentlicht:
Brief vom Januar 1930 (an seinen Sohn Heiner Hesse)
Brief etwa 1932/33
Brief vom Februar 1956

Nachbemerkung

Hermann Hesse hat seine »politischen« Aufsätze und Briefe selbst einmal gesammelt: im Band »Krieg und Frieden« von 1946. Damals schien ihm, einem »unpolitischen Menschen«, der freilich Marx kannte und Trotzki las, der »Versuch einer Rechtfertigung« wichtig; die Zusammenstellung dieser Arbeiten zeigte ihm wie uns aufs neue, daß sein politisches Urteil im Gange der Jahrzehnte nie geschwankt hat; er trieb keine Mimikry, seine Anpassung war nur eine Anpassung ans eigene Denken, ans eigene Gewissen. In einem fast neun Jahrzehnte währenden Leben brauchte Hesse weder Rollen zu tauschen, noch Fahnen zu wechseln, noch Überzeugungen zu korrigieren; gleiches läßt sich nicht von vielen Literaten unseres Jahrhunderts sagen.

Heute gewinnen Hesses Urteile in Fragen der Politik, der Gesellschaft, der Parteien und Weltanschauungen, seine Äußerungen zu aktuellen Vorgängen, seine Gedanken über Kommunismus und Sozialismus, über die Weimarer Republik, das Dritte Reich, über Judentum und Antisemitismus, seine Auffassung von der politischen Aufgabe eines Schriftstellers, von seiner Haltung und Mitwirkung im politischen Bereich neues Interesse. Manche seiner Betrachtungen erhalten in unserer Gegenwart einen neuen Stellenwert, und viele Leser werden überrascht sein von den Perspektiven seiner politischen Überzeugungen.

Wir haben deshalb eine neue, chronologisch geordnete Auswahl getroffen. Dem Band »Krieg und Frieden« (in der 3. erweiterten Auflage von 1962) wurden die wichtigsten Texte entnommen. Einige größere Arbeiten, die Hesse nicht in diesen Band aufgenommen hat, wurden herangezogen und zum ersten Mal in Buchform veröffentlicht. Es fällt auf, daß es im wesentlichen zwei Zeiträume sind, in denen sich Hesse unmittelbar und öffentlich politisch äußerte, die Jahre 1914–1919 und 1945–1948. Man dürfe, meinte Hesse hierzu, nicht den Schluß ziehen, er habe »zwischenein wieder geschlafen und Weltgeschichte Weltgeschichte sein lassen«. Er konnte mit Recht darauf verweisen, daß in seiner gesamten Lebensarbeit ein politischer Ton anklinge. Seine Gedichte etwa, beginnend mit jenem ersten Friedensgedicht aus der eher unfriedlichen Zeit vom Oktober 1914, seine »Müßigen Gedanken« vom Januar 1940 (»Einmal wird dies alles nicht mehr sein/ Nicht mehr diese allzu genialen Kriege«) bis zu den Versen von Ostern 1945, »Dem Frieden entgegen« (»aus Haßtraum und Blutrausch erwachend«) bezeugen politische Betroffenheit. Erinnert sei auch an den »Steppenwolf«, diese krasse und anklagende Absage an die Welt des Bürgerlichen. »Er (der Herr Professor für altorientalische Kultur)«, heißt es im »Steppenwolf«, »hat den Krieg nicht miterlebt, nicht die Erschütterungen der bisherigen Denkgrundlagen durch Einstein [das, denkt er, geht nur die Mathematiker an], er sieht nichts davon, wie rings um ihn der nächste Krieg vorbereitet wird, er hält Juden und Kommunisten für hassenswert, er ist ein gutes, gedankenloses, vergnügtes, sich wichtig nehmendes Kind, er ist sehr zu beneiden.« Erinnert sei an das »Glasperlenspiel«, das unter anderem in der Idee der kastalischen Provinz auch die Utopie eines Staates entwirft, eines entmaterialisierten, vergeistigten Staates; auch wenn der Protagonist Josef Knecht ihn nicht für tragfähig hält, so geht doch von dieser Utopie ein »Dennoch« aus, eine gemeinschaftsbildende Kraft, ein Noch-Nicht, eine Verschwörung für die Zukunft.

Wir haben in unserer Auswahl keine Auszüge aus dichterischen Werken gebracht, es schien uns nicht statthaft, Stellen mit politischen Bezügen aus dem Kontext des Ganzen zu lösen. Wir hielten uns aber für befugt, die im Band »Krieg und Frieden« fehlenden Zeiträume durch Auszüge aus Hesses Briefen zu ersetzen und an zwei Stellen ein Briefmosaik einzufügen; Hesse hat selbst gelegentlich zur Form des »Briefmosaiks« gegriffen. Bei der Auswahl aus den Briefen waren wir bis auf wenige, freilich wichtige Ausnahmen auf die bisher veröffentlichten angewiesen (»Briefe«, 2. erweiterte Auflage 1964). Die Briefe Hesses sind systematisch erst von 1930 an von Ninon Hesse gesammelt worden; eine definitive Sammlung und größere Edition des Briefwerks stehen noch aus.

Roland Barthes hat einmal festgestellt: »Die Literatur ist heute darauf reduziert, der Welt Fragen zu stellen, indes die entfremdete Welt der Antworten bedarf.« Von Hesses politischen Betrachtungen läßt sich sagen, daß sie solche Antworten geben.

Frankfurt, Februar 1970 S. U.

Suhrkamp Verlag GmbH
Torstraße 44, 10119 Berlin
info@suhrkamp.de
www.suhrkamp.de